СТОЯНКА БОЯНОВА & МИНКО ТАНЕВ
STOIANKA BOIANOVA & MINKO TANEV

СЛЪНЧЕВ ЛИФТ КЪМ БЕЗКРАЯ
SUNNY LIFT TO INFINITY

СЪДЪРЖАНИЕ
CONTENTS

ВЪВЕДЕНИЕ

Стоянка Боянова и Минко Танев са тандем в живота и поезията, познати по света със стихове и хайку. Настоящата стихосбирка е третата им съвместна двуезична книга, публикувана от Cyberwit.net, Индия след „*Върхове под звездите / Tops Under The Stars*", (хайку) Cyberwit.net, Allahabad, India, 2019 и „*Път през светове / Road Through Worlds*, (стихотворения от световни и глобални антологии, и наградени от международни конкурси), Cyberwit.net, Allahabad, India, 2021. „*Слънчев лифт към безкрая / Sunny lift to infinity*" е своеобразно продължение на втората, за която Негово превъзходителство, посланика на мира и литературата, професор, д-р Джоузеф С. Спенс-старши, САЩ (майстор на Epulaeryu) в Pegasus Literary пише:

„Фантастична стихосбирка. Съпоставително изложение на колекция стихотворения в книга с най-висок подбор - след конкурси, композирана от двама от най-значимите хайку поети, които светът познава, Стоянка Боянова и нейният съпруг Минко Танев от България. Двамата едновременно получават едни и същи или подобни награди от поетични конкурси в целия спектър. Същността на тяхното вдъхновение, единение и сътрудничество, съчетано с творческото им и артистично извисяване е огромна и въодушевява драматично мнозина по света. Уникална съвместна дейност разпространява поезията им и е благоговейна за човечеството. Благородството, което мултиплицират, е невероятно. Поетичното преливане на думите им призовава хармония и координация в стила на писане… Двамата са сред най-необикновените автори, които познавам. Не виждам друг до нивото и опита им за прослава на човечеството с проникновения език на обичта."

Стоянка Боянова е издала 9 стихосбирки, роман и сборник с къси разкази в България. Редактирала е книги и речници. Минко Танев е автор на 6 стихосбирки, редактирал е над 70 книги. Двамата публикуват в антологии и издания в: Япония, Филипини, Индия, Китай, Виетнам, Русия, Румъния, България, Турция, Северна Македония, Сърбия, Хърватия, Полша, Унгария, Германия, Франция, Англия, САЩ, Аржентина, Нигерия, Кения, ЮАР. Те са в европейския Топ 100 на най-креативните хайку автори.

„*Слънчев лифт към безкрая / Sunny lift to infinity*" включва стихове от световни антологии, както и спечелили награди в международни конкурси и глобални литературни общества - 2021 и 2022 г.

INTRODUCTION

Stoianka Boianova and Minko Tanev are a tandem in life and poetry, known worldwide for their poems and haiku. This collection of poems is their third joint bilingual book published by Cyberwit.net, India after "*Върхове под звездите / Tops Under The Stars*", (haiku) Cyberwit.net, Allahabad, India, 2019 and "*Път през светове / Road Through* Worlds", (poems from world and global anthologies, and awarded by international competitions) Cyberwit.net, Allahabad, India, 2021. „*Слънчев лифт към безкрая / Sunny lift to infinity*" is a kind of continuation of the second one, about which His Excellency, Ambassador of Peace and Literature, Professor, Dr. Joseph S. Spence Sr. USA (Epulaeryu Master) in Pegasus Literary writes:

"This poetry book is very fantastic. It's a comparative analysis of a collection of top-winning and complementary poems in one book written by two of the greatest known haiku poets the world has ever known, Stoianka Boianova and her husband Minko Tanev, from Bulgaria. They always won simultaneous awards in poetry competitions and received the same or similar awards from poetry competitions across the spectrum. The essence of their poetic inspiration, unification, and collaboration coupled with their creative and artistic uplifting is tremendous and dramatically inspires many worldwide. Their unique and unified collaborative practice of poetic proliferation is reverential to humanity. The graciousness they proliferate is outstanding. The poetic blending of their words invokes unity and coordination in their writing style... They are the two greatest haiku poets I have ever known. Additionally, I don't see any in comparison or even near their level of expertise to uplift worldwide humanity with words of inspiration and endearment."

Stoianka Boianova has published 9 poetry collections, a novel and a collection of short stories in Bulgaria. She edited books and dictionaries. Minko Tanev is the author of 6 collections of poems, he has edited over 70 books. They publish in anthologies and editions in: Japan, Philippines, India, China, Vietnam, Russia, Romania, Bulgaria, Turkey, North Macedonia, Serbia, Croatia, Poland, Hungary, Germany, France, England, USA, Argentina, Nigeria, Kenya , South Africa. They are in the European Top 100 of the most creative haiku authors.

„Слънчев лифт към безкрая / Sunny lift to infinity" includes poems from world anthologies, as well as won prizes in international competitions and global literary societies - 2021 and 2022.

СТОЯНКА БОЯНОВА / STOIANKA BOIANOVA

ПЪТУВАНЕ ПО ЗДРАЧ / TWILIGHT JOURNEY

СВЕТОВЕ

Земята - нашата зеница към вселената,
а изворите – бистрите й сълзи.
Солен е океанът и вълните са величествени.
Реките - животворни, пеещи и напоителни.

Крилата на орела висините възвисяват.
Поляна с диви ягоди изгрява в утрото.
В хининова кора горчилка зрее.
От съвършенство се огъва песента на славея.

Всемирна е тъгата на поетите
по светове, докосвани в мечтите,
където няма смърт, предателства и болести.
И Бог твори хармония и обич.

*WORLD POETRY TREE /СВЕТОВНО ПОЕТИЧНО ДЪРВО,
антология за надежда, любов и мир, Expo - Dubai 2020,
Дубай, 2022;
ANADOLU RÜZGARI III /"АНАДОЛСКИ ВЯТЪР III",
антология, Турция, 2022;
ЗЛАТНО ПЕРО, POEMarium ПОЕТИЧНО ОБЕДИНЕНИЕ, 9
000 поети, конкурс № 22 за стихотворение по цитат от 8
до 12 реда, тема: „Поезията е сестра на скръбта. " - Марк
Андре Хенри.*

WORLDS

The earth - our apple of the eye to the Universe,
and the springs are her clear tears.
The ocean - salty and the waves - majestic.
The rivers are life-giving, singing, irrigating.

The wings of the eagle elevate the heights.
A meadow with wild strawberries rises in the morning.
The bitterness ripens in the quinine bark.
The nightingale's song bends from perfection.

The Universal sorrow overwhelms the poets
to worlds touched in dreams,
where there isn't death, betrayal and disease.
And God creates harmony and love.

WORLD POETRY TREE, Anthology for Hope, Love and Peace,
Expo - Dubai 2020 Edition;
GOLD QUILL, POEMarium POETIC GROUP, 9000 members,
Poetic Parley -79, topic „HOPE";
ANADOLU RÜZGARI III / ANADOL WIND III, Turkey, 2022;
GOLD QUILL, POEMarium, Quote Poem-22, for a poem of
minimum 8 lines and maximum 12 lines, the motif: "Poetry is the
sister of sorrow." - Marc Andre Henry.
....

В ЕДНА ДАЛЕЧНА СТРАНА

„Истинската поезия може да общува, преди да бъде
разбрана" - Т. С. Елиът

Смях сред смокиновите дървета - вятърът го отвява.
Небето се е скрило зад огромен лист.
Хлапе протяга ръка към смокините,
но те са високо.

Казва ни нещо на непознат език.
Ние отговаряме с чужда за него реч.
Мили думи намираме и детето улавя енергията.
Посланията от душа достигат душата на другия.

Езикът на обичта е универсален
за хора, растения и животни.
С детството общуваме сега
и в този миг светът е прекрасен.

ЗЛАТНО ПЕРО, POEMarium ПОЕТИЧНО ОБЕДИНЕНИЕ, 9 000 поети, конкурс № 33 за стихотворение от 8 до 12 реда, тема: „Истинската поезия може да общува, преди да бъде разбрана" -Т. С. Елиът.

IN A FAR COUNTRY
"Genuine poetry can communicate before it is understood" - T. S. Eliot

Laughter among fig trees.
The wind blows it away.
The sky is hidden behind a huge leaf.
A child reaches for the figs - they are on high.

It tells us something in its unknown language.
We answer in a language unknown to him.
We say kind words and kid captures the energy.
Messages from soul reach the soul of the other.

The language of love is universal
for humans, plants and animals.
The child communicates with it now
and at this moment the world is splendid.

GOLD QUILL, POEMarium POETIC GROUP, 9000 members, competition № 33 for a poem from 8 to 12 lines, theme: "Genuine poetry can communicate before it is understood" - T. S. Eliot.

. . . .

ФАНТАЗИЯ

Облаци –
приличат на мъже,
които тежки делви носят,
приличат на жени,
които в синева се къпят,
приличат на деца,
които бели чайки гонят.

Мигваш.

И делвите ги няма,
няма ги мъжете,
няма я реката,
няма ги жените,
птиците ги няма,
няма ги децата.

Животът е отминал.
Белее синевата.

ПОЕТ ЗА ПЪРВАТА ПОЛОВИНА НА ДЕКЕМВРИ 2021, POEMarium ПОЕТИЧНО ОБЕДИНЕНИЕ, 9 000 поети, конкурс № 93 за стихотворение от 8 до 16 реда, тема: "ФАНТАЗИЯ". Рецензия от проф. Pushpalatha Ramakrishnan.; КИТАЙСКА МЕЖДУНАРОДНА НАГРАДА ЗА ПОЕЗИЯ ZHENG XIN, Фестивал на лодките-дракони, Китай, 2022.

FANCY

Clouds -
look like men
who heavy amphorae carry,
look like women
who bathe in a blue river,
look like children,
who white seagulls chase.

A blink.

And the amphorae are gone,
there aren't the men,
the river is gone,
there aren't the women,
the birds are gone,
there aren't the children.

Life was almost past.
The blue sky - whitened.

POET OF THE FORTNIGHT 15.12.2021, POEMarium POETIC GROUP, 9000 members, competition № 93 for a poem from 8 to 16 lines, theme: "FANCY". Review by Prof. Pushpalatha Ramakrishnan.;
CHINESE INTERNATIONAL ZHENG XIN POETRY AWARD, Dragon Boat Festival, China, 2022.

....
ПРЕДПРАЗНИЧНА ВЕЧЕР
„Поезията е нещо като завръщане у дома" - Paul Celan

Пътувам през света в предпразничната вечер.
Проблясват в мрака селища със светлини безброй.

И мисля си как моето съзвездие е селото,
в което ме очакват най-близките ми хора.

Зад мене е градът и ти си в озарение,
най-скъпият човек, в най-светлата галактика.

Там горе, на небето, селенията свише са
и мое родословие въздига се в отвъдното.

Разсипани в тревата, блестят светулки светещи.
И между тях е влакът ми в среднощните сияния.

И светлини в реката изгряват през дърветата,
с поезия когато пътувам към дома.

*ЧЕРВЕНО ПЕРО, POEMarium ПОЕТИЧНО ОБЕДИНЕНИЕ,
9 000 поети, конкурс № 40 за стихотворение от 8 до 12
реда, по цитат: „Поезията е нещо като завръщане у дома"
- Paul Celan*

PRE-HOLIDAY EVENING
"Poetry is a sort of homecoming" - Paul Celan

I travel through the world in the evening before the holiday.
The villages shine in the darkness with uncounted lights.

I think - the village is my precious constellation,
in which my closest people are waiting for me.

Behind me - the city is, you remain there,
the most expensive man, the most sparkling galaxy.

Up, in the sky are the stellar settlements

other close people are waiting for me there.

Scattered in the grasses twinkle fireflies glowing.
They're in constellations - there someone waiting for me .

 And lights in the river, and lights in the forest .
I travel with poetry - at home I'm everywhere.

*RED QUILL, POEMarium POETIC GROUP, 9000 members,
competition № 40 for a poem from 8 to 12 lines, by quote:
"Poetry is a sort of homecoming" - Paul Celan .*

....
ПРИБЛИЖАВАНЕ

Вечер е. Звезди изпълват небесата.
Аз бленувам Твоя образ в необята -
да живеем на Земята хармонично,
Божиите твари да обичаме.

Нощен пътник по вратите хлопа.
Чувам стъпки, шепот, конски тропот.
Някой идва, тихо приближава...
И сърцето - бие до забрава.

Той нахлува и в съня ми тайно.
И невидим стъпва, уж случайно.
Златна сянка, кон митичен, звездна грива...
Него ли очаквам и заспивам?

До зори будувам озарена
с любовта на цялата Вселена.

ЧЕРВЕНО ПЕРО, POEMarium ПОЕТИЧНО ОБЕДИНЕНИЕ, 9 000 поети, конкурс № 103 за стихотворение от 8 до 16 реда, тема: „ЖЕЛАНИЯ, СТРАСТИ".

APPROXIMATION

It's evening. Stars fill the heavens.
I long for Your image in the infinity -
for a harmonious life on Earth,
we to love the God's creatures.

A night passenger knocks on the door.
I hear footsteps, whispers, clatter of hoofs.
Someone is coming, quietly approaching.
And my heart is beating as in a gallop.

He invades my sleep secretly,
steps invisibly, as if unexpectedly.
Golden shadow, mythical horse, star mane ...
Am I expecting him and falling asleep?

I stay awake until dawn, I am enlightened
with my whole love for universe, shining.

RED QUILL, POEMarium POETIC GROUP, 9000 members, competition № 103 for a poem from 8 to 16 lines, theme: "DESIRES".

....

ПРИВЕТСТВИЕ

*Поезия е да опъвате сърдечните струни и да творите
музика с тях - Денис Габор*

Сърцето ми е пъпка на огнена роза,
разцъфнала в хралупата на тялото.
Огнена роза приветства живота и теб.

Вятърът свири на арфа в горите маслинови.
Облаци плуват от тук към безкрая.
Граници на държави се преместват.
Континенти се раздалечават и сближават.

Звездни послания докосват челата ни.
Някой ни вика и в себе си чувам гласа му:
„Пазете Земята, крехките Божии творения!"

Сърцето ми бие с космически ритъм
в синхрон с просветлените хора.

*ЧЕРВЕНО ПЕРО, POEMarium ПОЕТИЧНО ОБЕДИНЕНИЕ,
9 000 поети, , конкурс № 37 за стихотворение от 8 до 12
реда по цитат: „Поезия е да опъвате сърдечните струни и
да творите музика с тях" - Денис Габор.*

SALUTIONS
*„Poetry is plucking at the heart strings, and making music with
them" - Dennis Gabor*

My heart is a bud of fiery rose,
blooming in the hollow of the body.
A fiery rose saluting you and life.

The wind plays the harp in the olive forests.

Clouds float from here to the infinity.
Borders of the countries are shifting.
Continents are receding and converging.

Someone is calling to us
and in myself I hear his voice:
"Protect the Earth, the fragile God's creations!"

My heart beats with a cosmic rhythm
in sync with enlightened people.

RED QUILL, POEMarium POETIC GROUP, 9000 members, № 37 for a poem from 8 to 12 lines, theme: „Poetry is plucking at the heart strings, and making music with them" - Dennis Gabor.

....
ПЪТУВАНЕ ПО ЗДРАЧ

Към нас приижда тъмен небосклон.
Море ли е? Поле ли е?
Тепърва ще узнаем.

Зад нас - планински очертания.
Дали са върхове?
Или пътуват облаци?

Звезди проблясват,
възсияват на небето,
изплуват от водата -
в очите ти се отразяват.
И магнетична светлина!
Разцъфва роза в мрака
и устните ти се усмихват.

Истината многолика е, тъй както хората.

Бог познава истинското й лице.

ЗЛАТНО ПЕРО, POEMarium ПОЕТИЧНО ОБЕДИНЕНИЕ, 9 000 поети, конкурс № 105 за стихотворение от 8 до 16 реда, тема: „ИСТИНА".

TRAVEL IN THE DARKNESS

A dark plain is coming towards us.
Is it the sea? Is it a field?
We have yet to find out.

Behind us - mountain outlines.
Are they peaks?
Or do clouds travel?

The stars are glimmering -
shine brightly in the sky,
float out from the water -
in your eyes they reflect.
What a bright magnetic light!
A rose blooms in the dark
and your lips smile.

The truth is multifaceted, like humans.
God knows its actual face.

GOLD QUILL, POEMarium POETIC GROUP, 9000 members, competition № 105 for a poem from 8 to 16 lines, theme: "TRUTH".

....

***
Чаках те
хиляди дни,
сънувах те
хиляди нощи.
Срещнахме се
в светлинни потоци
Бог, ти и аз.

ПЛАТИНЕНА ЗВЕЗДА за изключителен принос, Literature Lovers' Association, 7 600 поети, специален конкурс за празника Valentine's Day, стихотворение до 24 думи.

***
I've been waiting for you
thousand days,
I've been dreaming of you
thousand nights.
We met in streams of light -
God, you and me.

PLATINUM STAR for outstanding contribution, Literature Lovers' Association, 7600 members, a special competition for Valentine's Day for a poem of up to 24 words.

. . . .

ПЪТЕШЕСТВИЕ НА ЛЮБОВТА

Запомних какво ми казаха ръцете ти.
Шепотът им бликаше от дълбините на душата.
От далечни времена.
От предишни прераждания.
Докосваха ме през бури и слънца,
през преспи и знамения...

Шепотът им беше толкоз истински
и всяка клетка в мене се пробуди.
Най-после бе дошъл денят да бъдем заедно
сред висините на планетата Земя,
където нежността успява да е съвършена,
където любовта е дар от Боговете
и възобновява живота във вселената.

Спряла съм сред фееричните цветя в градината –
благодарна, възродена
от ласката на твоите ръце.

*ПОЕТ ЗА ВТОРАТА ПОЛОВИНА НА ФЕВРУАРИ 2022,
POEMarium ПОЕТИЧНО ОБЕДИНЕНИЕ, 9 000 поети,
конкурс № 98 за стихотворение от 8 до 16 реда, тема: "
ПЪТУВАНЕ НА ЛЮБОВТА". Рецензия Younas Rehman.;
В антология на съвременната световна поезия, ATUNIS
GALAXY ANTHOLOGY, Demer Press, 2020;
В планетарната антология THE WAY WE WERE/ „ПЪТЯТ,
НА КОЙТО БЯХМЕ", POETRY PLANET, 2020.*

JOURNEY OF LOVE

I remembered what your hands told to me.
Their whisper gushed from the depths of the soul.
From distant times.
From previous incarnations.

They touched me through storms, through suns,
through snowdrifts, through omens …
Their whisper was so real,
that every cell in me was awaken.
At last, the day has come to be together
among the heights of the planet Earth,

where tenderness manages to be perfect,
where love is a gift from the Gods
and it resumes the life in the universe.

I stand among the fairy flowers in the garden –
grateful, revived
by the caress of your hands.

*POET FOR THE FORTNIGHT 28.02.2022, POEMarium
POETIC GROUP, 9000 members,
competition № 98 for a poem from 8 to 16 lines, theme: "
JOURNEY OF LOVE".
In ATUNIS GALAXY ANTHOLOGY, anthology of contemporary
world poetry, Demer Press, 2020. Review by Younas Rehman.;
In planetary anthology THE WAY WE WERE, POETRY
PLANET, 2020 .*

. . . .
*

Моя жадувана любов!
Прегръщам те в залеза -
превръщаш се в слънчево видение.

*сред победителите в POETRY PLANET с над 52 600 писатели
от цял свят за тристишие по картина, точно като хайку,
без определен брой срички и не повече от 14 думи, (tweeku №
22).*

*

My longed-for love!
I hug you at sunset
you turn into a solar vision.

among the winners in POETRY PLANET with over 52 600 writers from all over the world for three stanzas by picture, just like haiku, without a certain number of syllables and no more than 14 words, (tweeku22).

....

МАГИЧНИ ДУМИ

Как възвишено говориш
под восъчната пита на луната!
От устните ти мед прокапва.
Магнетично ме привличаш
под рояци от звезди.

И когато те прегръщам,
аз докосвам сякаш себе си.
В ново същество се трансформираме
от космическия ритъм.

ПОЕТ ЗА ПЪРВАТА ПОЛОВИНА на декември 2020, POEMarium ПОЕТИЧНО ОБЕДИНЕНИЕ, 9 000 поети, конкурс № 69 за стихотворение от 8 до 16 реда, тема: „Думи чудотворци.“ Стихотворението е рецензирано от Sahjahan Ali Ahmed.

MAGIC WORDS

How well you speak
under the honeycomb on the moon!
Honey is dripping from your lips.
You attract me magnetically
under swarms from stars.

And when I hug you,

as if I'm embracing myself.
We are transforming into a new being,
filled with the cosmic rhythm.

POET OF THE FORTNIGHT, December 15, 2020, POEMarium POETIC GROUP, 9000 members, competition № 69 for a poem from 8 to 16 lines, theme: "WORDS as WIZARDS". The poem was reviewed by Sahjahan Ali Ahmed.

. . . .

НЯКОЙ ДЕН ЩЕ ДОЙДЕШ

Епохи минаха откакто ти ми каза:
„До старата колона ще те чакам
по залез слънце.”

Отвя далеко вятър
яркото ти наметало.
Пух от тополи подир тебе литна.
Над колонади и над древни храмове
прелитат птици,
грак люлее въздуха.

Изпращам залезите -
колко ли живота се прераждам!

Очаквам те до старата колона,
когато слънцето зад върховете чезне
и аромат на рози въздуха изпълва.
Дано родени сме в едно и също време.

*НАГРАДА, SURYODAYA LITERARY FOUNDATION /
Литературна фондация “Изгрев”. Стихотворение от 8 до
12 стиха, тема: „НЯКОЙ ДЕН ЩЕ ДОЙДЕШ”, 2021.*

ONE DAY YOU WILL COME

Ages have passed since you told me:
"I'll be waiting for you by the old column
at sunset."

The wind blew away
your bright cloak.
Poplar fluff flew after you.
Above colonnades and over ancient temples
birds fly away, croak sways the air.

I send the sunsets –
how much life I am reborn!

I'm waiting for you next to the old column,
when the sun is disappearing behind the peaks
and the scent of roses fills the air.
I hope we were born at the same time.

*AWARD SURYODAYA LITERARY FOUNDATION, poem from 8
to 12 lines, theme: "One Day You Will Come", 2021.*

....

В ДРЕВНИЯ ГРАД

Луната слезе в лимоновите гори
и на лимонов резен заприлича.
Ти се спря пред колоните на мраморния град
и в древен мъж се превърна.
Разбрах, че си истински,
когато докосна ръката ми.

С теб вървим сред изящни статуи
и каменни стълбове.
Думите ни са ехо от отминали времена.
Сенки на души и епохи танцуват наоколо.
Сливаме се с времето,
докато вятърът шепне мъдрости.

Повдигна ли оня камък, ще открия
златния си гребен и твоя ритуален пръстен.
Живели сме тук преди векове.

Двуезична антология за поезия, „Zenith of Aesthetics", Индия, 2021;
ЗЛАТНО ПЕРО, POEMarium ПОЕТИЧНО ОБЕДИНЕНИЕ, 9 000 поети, конкурс № 23 за стихотворение по цитат от 8 до 12 реда, тема: „Поезията е ехо, поканило сенките да танцуват." - Карл Сандбърг.

IN THE ANCIENT TOWN

The moon descended into the lemon forests
and turned into a lemon slice.
You stopped in front of the columns of the marble city
and transformed in an ancient loved one.
I realized you were real
when you touched my hand.

We walk among marble columns
and exquisite statues.
Our words are an echo of times gone by.
Shadows of souls and epochs dance around.
We are merging with time
while winds whisper wisdoms.

If I uplift that stone, I'll find
my golden crest and your ritual ring.
We have lived here many centuries ago.

Bilingual Anthology of Poems, ZENITH OF AESTHETICS, India, 2021;
GOLD QUILL, POEMarium POETIC GROUP, 9000 members, QUOTE POEM-23 for a poem of minimum 8 lines and maximum 12 lines, the motif: "Poetry is an echo, asking a shadow to dance." — Carl Sandburg.

....

В ДОМА НА ПРЕДЦИТЕ

Влязохме в старата къща на баба
да те представя на моите мъртви.

Най-близките пристигаха
от свръхдалечните пространства –
ефирната им същност стаите изпълни.
Щастливи, осезаеми и млади -
над хванатите ни ръце се вгледаха,
дочуха пулса ни единен на сърцата,
предаден ни от нашия Създател.

Неведом лъч потрепна над прозореца,
изви венец и грейна над косите ми,
друг лъч сияеше над тебе, над главата ти –
полека светлината ни облече
и двамата сияещи пристъпвахме
към Божия олтар под небесата.

Вселенска музика се спусна от таваните,
душите ни възвишено се вдигнаха.
Пред всички ме прегърна и целуна.
Дочухме близките ми да ни благославят.

Благодарихме. Тръгнахме по пътя си
Въздигнати от благослова на дедите ми.

INTERNATIONAL FAMILY POETRY ANTHOLOGY: Uplifting Humanity With Inspirational Verses! / МЕЖДУНАРОДНА СЕМЕЙНА ПОЕТИЧНА АНТОЛОГИЯ: Възвисяване на човечеството с вдъхновени стихове!, by Joseph S. Spence, Sr., Clever Fox Publishing, 2022.

THE HOUSE OF THE ANCESTORS

We entered grandma's old house
To introduce you to my departed relatives.

The closest ones arrived
From ultra-distant spaces -
Their ethereal essence filled the rooms.
Happy, tangible and young -
They looked over our hands,
Heard the synchronous pulsing of our hearts,
Retransmitted to us by our Creator.

A mystic ray flickered over the window,
It twisted a wreath and shone over my hair,
Another ray rose over you, over your head -
The light clothed us
We both stepped shining
under God's altar in heaven.

Space music came down from the ceilings,
our souls are exalted.
You hugged me and kissed me in front of them.
We heard my beloved ones bless us.

We thanked them and went on our way
sublime with the blessings of my ancestors.

INTERNATIONAL FAMILY POETRY ANTHOLOGY: Uplifting Humanity With Inspirational Verses!, by Joseph S. Spence, Sr., Clever Fox Publishing, 2022 .
....

***

меката трева
се гали по нозете ни.
Звездните погледи
стигат почти до челата ни.
Светят маслините в мрака
с очите на древните.

*СРЕБЪРНА ЗВЕЗДА от Literature Lovers' Association, 7600
поети, конкурс № 82 за стихотворение до 24 думи, от 4 до 8
стиха, максимум 6 думи на ред, тема: „Кротък/Мек/Благ”.*

***

Mild grasses
caresses our feet.
The stellar gazes reach
almost to our foreheads.
Olives glow in the darkness
with the eyes of the ancestors.

*SILVER STAR from Literature Lovers' Association, 7600
members, for poems up to 24 words, from 4 to 8 verses, theme:
Mild.*

....

СРЕД ПРИРОДАТА

Риби се гонят в езерото.
По водата плуват омиротворени лебеди.
Из въздуха се реят бели птици...

С теб вървим щастливи по брега.
Пеперуди раздухват жаравата
на червена роза край пътя
и тя е още по-алена...

Навярно пеперудите очакват,
че Бог е точно като тях.
Навярно птици си представят,
че Бог е птица с най-бързите криле.
Навярно рибите са сигурни,
че Бог се гмурка в небето като риба.

В мига,
когато с тебе се разхождаме,
аз се чувствам част от цялото
и се свързвам с нашия Създател.
Тогава съм в хармония и зная,
че аз без цялото не мога,
а и вселената не би могла без мен.

ATUNIS GALAXY POETRY, 17.04.2022;
НАГРАДА от първия конкурс на Литературна фондация
SURYODAYA/ИЗГРЕВ за стихотворение от 8 до 20 реда,
тема: „Псалм за природата", 2021.

AMONG THE NATURE

Fish are chased in the lake.
Gentle swans swim in the water.
White birds are soaring in the air.

We walk happily along the shore.
Butterflies blow the embers
of a red rose that blooms by the roadside
and it becomes more scarlet …

Butterflies probably anticipate
that God is like them.
Probably birds imagine
that God is a bird with the fastest wings.
Perhaps the fish are sure
that God dives into the sky like a fish.

When we walk with you,
I feel myself as a part of the whole
and I associate with the Creator!
Then I'm in harmony and I know –
I can't do without the whole world
and the universe can't do without me.

ATUNIS GALAXY POETRY, 17.04.2022;
AWARD of the first contest of SURYODAYA LITERARY
FOUNDATION, poem from 8 to 20 lines on "Psalm of nature ",
2021.

…….

МЕЧТАНАТА СТРАНА БИРЛАНД

Наричали те „ничия земя",
забравена сред пясъци и жега.
Но ти си Божия,
и жарко слънце те целува
от ранно утро чак до късна вечер.

Родила се мечта за твоето начало
в един сърцат човек,
и други тръгнали след него -
да се превърнеш в кът от рая.
Разлистено дърво със здрави корени е твое знаме.
Напред те води вярата в човека и доброто.
И хората сърцати почнали да те създават.

Те виждат в своите представи
да се превръщаш в пясъчна цъфтяща лилия
сред другите страни върху Земята.

*ANTOLOGIA "POESIA POR BIRLAND" /anthology POETRY
BY BIRLAND / антология „ПОЕЗИЯ ЗА БИРЛАНД", Poetas
Intergalactikus, 2022.*

DREAMS FOR BIRLAND

They called you "no man's land"
forgotten among primordial sands and heat.
But you are God's,
the hot sun kisses you
from early morning until late evening.

A dream was born for your beginning
in a high-hearted man,
followed by several others --
you to become a piece of paradise.
A leafy tree with stable roots is on your flag.
Faith in man and goodness guide you.

The high-hearted people
began already your creation.
They see in their notions -
you turn into a white sand blooming lily
among the other countries on the Earth.

*ANTOLOGIA "POESIA POR BIRLAND" /anthology POETRY
BY BIRLAND, Poetas Intergalactikus, 2022.*

....

СЪТВОРЕНИЕ

Създателю,
определил си тавана на възможностите ми,
описал си размаха на духа ми.
Ако съм семе на глухарче – едно ще е,
ако съм жълъд – ще съм друго.

Решил си да съм поетеса,
да съпреживея и усетя всичко
насън или наяве, да обичам,
да пиша за надежда, за любов и красота.

Човек да бъда си решил
върху планетата Земя.
В окото на Всемира.

ATUNIS GALAXY POETRY, 17.04.2022.
СИНЬО ПЕРО, POEMarium ПОЕТИЧНО ОБЕДИНЕНИЕ, 9
000 поети, конкурс № 27 за стихотворение от 8 до 12 реда
по цитат на Шекспир: „Лунатикът, любовникът и поетът
са въплътено въображение".

CREATION

Creator,
You have set the ceiling of my abilities.
You described the scope of my spirit.
If I'm a dandelion seed – one will be,
If I am an acorn, it will be different.

You decided I should be a poetess,
to empathize and feel everything
to love in my sleep and in my waking hours,
to write about hope, love and beauty.

You have decided that I should be human
on planet Earth.
In the eye of the universe.

ATUNIS GALAXY POETRY, 17.04.2022.
BLUE QUILL, POEMarium POETIC GROUP, 9000 members,
Quote Poem 27 for a poem from 8 to 12 lines, "The lunatic, the
lover and the poet, are of imagination all compact" -
Shakespeare.

НЕТЛЕННИ СЕМЕНА / IMPERISHABLE SEEDS

ФОРМИ

Вихрушката се сви на охлюв,
Разтвори се в цъфтяща роза,
Издигна се по стълба към небето,
Разпръсна се под форма на галактика,
С криле на птици отлетя.

THE FORTH ANTHOLOGY OF WORLD GOGYOSHI
/„Четвъртата антология на световното гогьоши",
Филипини, 2022, тема: „любовта към природата".

FORMS

The whirlwind shrunk on a snail,
It dissolved, a blooming rose,
It elevated to sky on ladder,
It scattered in a galaxy shape,
With wings of birds it flew away.

THE FOURTH ANTHOLOGY OF WORLD GOGYOSHI,
Philippines, 2022, theme: "love to nature".
....
СИН ДЕН

Синкави цветя. И сини пеперуди.
Синеока обич с пламъчета божи.
Хълм скалист изкачва небеса лазурни.
Моят дом изгрява сред сияйни рози.

ЗЛАТНО ПЕРО, POEMarium ПОЕТИЧНО ОБЕДИНЕНИЕ, 9 000 поети, конкурс № 70 за четиристишие на английски език – римувано и ритмувано, тема: „Син ден." (Цветът на надеждата е син). Условията се отнасят за английската версия.

BLUE DAY

Bluish flowers. A blue butterfly.
Beloved blue eyes, with flames - divine.
A rocky hill climbs to the blue sky.
There my home is. Bright roses shine.

GOLD QUILL, POEMarium POETIC GROUP, 9000 members, POETIC PARLEY competition № 70 for quatrain in English - rhyming and rhythmic, theme: "Blue day." (Blue is the Color of Hope).
....

СЕМЕНА
„Стихотворението никога не е завършено, само изоставено." - Пол Валери

Семената са безсмъртни,
те пресъздават всяка ябълка,
всеки славей,
всяка змия.

Възходът е безсмъртен -
прави ябълката по-сочна,
песента на славея по-опияняваща,
змийският зъб е по-отровен.

Стихотворението ми не е завършено,

нито любовта ми, нито животът ми.
Всичко се движи и развива непрекъснато
в безкрайността на превъплъщенията.

*POEM AND POETS / СТИХОВЕ И ПОЕТИ, web списание, 12 .
09. 21, Индия;
ЗЛАТНО ПЕРО, POEMarium ПОЕТИЧНО ОБЕДИНЕНИЕ, 9
000 поети, конкурс № 31 за стихотворение от 8 до 12 реда,
по цитат: „Стихотворението никога не е завършено, само
изоставено." - Пол Валери*

SEEDS
"A poem is never finished, Only Abandoned." - Paul Valery

The seeds are immortal,
they recreate each apple
every nightingale
every snake.

The rise is immortal -
it makes the apple juicier,
the nightingale's song more intoxicating,
the snake's tooth more poisonous.

My poem is not finished,
neither my love nor my life.
Everything moves and develops continuously
in the infinity of incarnations.

*POEM AND POETS কবিতা ও কবি ঘোড়সওয়ার ওয়েব
ম্যাগাজিন, ghorsowar web magazine 12 . 09. 21, India;
GOLD QUILL, POEMarium POETIC GROUP, 9000 members,
competition № 31 for a poem from 8 to 12 lines, by quote: "A
poem is never finished, Only Abandoned." - Paul Valery.*
....

НА МОИТЕ ОТЛЕТЕЛИ БЛИЗКИ

Влязох през врата в съновидения.
Ти бе реален и жив,
и с хоризонта се отдалечаваше,
щом приближавах.

Протегнах ръка да те докосна -
ти се разтвори в небесна дъга
с цветове на простора.

Отварям прозорец и поглеждам нагоре.
Махам на близките, на небето заминали,
на съществата в пространствата.
„Сбогом" - им казвам. „Сбогом" – отвръщат.

Опоетизирам в този миг
всичко видимо и осезаемо.
И съм близо до висшите сфери
с Богове и светлинни хора.

*ЧЕРВЕНО ПЕРО, POEMarium ПОЕТИЧНО ОБЕДИНЕНИЕ,
9 000 поети, конкурс № 104 за стихотворение от 8 до 16
реда, тема: „Поетизиране".*

TO MY DEPARTED RELATIVES

I entered through a door in dreams.
You were real and alive
and was moving away from the horizon,
as soon as I approached.

I reached out to touch you -
you dissolved into a rainbow
with colors of space.

I open a window and look at the sky.
I wave to my loved ones,
who have gone to heaven,
to beings in spaces.
"Goodbye," I tell them. "Goodbye," they reply.

I am poetizing at this moment
everything visible and tangible.
And I am close to the higher realms
with Gods and people of light.

*RED QUILL, POEMarium POETIC GROUP, 9000 members,
competition № 104 for a poem from 8 to 16 lines, theme:
"PoetisinG".*

....
НА БЛИЗКИТЕ ОТВЪД
"Поезията е неочакван изказ на душата." — Марк Непо

Завърнах се в земите, в които с теб живяхме.
Разцъфнали лиандри танцуват покрай пътя –
Но... те за теб не питат. Аз за тебе питам.

Островът отсреща на слънце се припича,
птиците щастливи с криле небето вдигат...
Но... те за теб не питат. Аз за тебе питам.

Хората минават, минават, отминават.
Луната си отива, приижда хладна вечер...
Думите неволно в стихове се леят,
тъй както птича песен и плач на улулица.
Душата ми те търси, оттатък световете.
За теб не пита никой. Аз питам, питам, питам...

ЧЕРВЕНО ПЕРО, POEMarium ПОЕТИЧНО ОБЕДИНЕНИЕ, 9 000 поети, конкурс № 36 за стихотворение от 8 до 12 реда по цитат: "Поезията е неочакван изказ на душата." — Марк Непо.

TO THE LOVED ONES ON THE OTHER SIDE
"Poetry is the unexpected utterance of the soul."— Mark Nepo

I returned to the lands where you and I lived.
Blooming oleanders dance along the road -
But ... they don't ask about you. I'm asking.

The island opposite is basking in the sun,
happy birds with wings raise the brilliant sky.
But ... they don't ask about you. I'm asking.

People pass quickly, go far, return.
The moon leaves silently, the cool evening comes ...
The words begin to flow in unexpected verses,
as song of lonely bird, screams of sapient owl .
My soul is seeking you beyond the distant worlds.
Nobody asks. Nobody. I'm asking, asking, asking...

RED QUILL, POEMarium POETIC GROUP, 9000 members, competition № 36 for a poem from 8 to 12 lines, theme: "Poetry is the unexpected utterance of the soul."—Mark Nepo.
....

С МИСЪЛ ЗА ТЕБ ПРЕЗ ПОЛЕТО

Обръщам се.
Ти сякаш ми подсвиркваш -
всъщност, птици чуруликат.
Скакалецът свири вдъхновен
сред мравки и къпини.

Вървя сама.
Щастливи жаби пеят в хор,
забележителна задруга.
Днес всичко ми напомня теб.
Сред тази красота съм друга.
Без теб съм друга.

СИНЬО ПЕРО, POEMarium ПОЕТИЧНО ОБЕДИНЕНИЕ, 9 000 поети, конкурс № 50, стихотворение от 8 до 16 реда, тема: „Звуци на пролетта".

I WALK THROUGH THE FIELD THINKING OF YOU

I look back.
It seems, you whistling to me.
And look, the birds are chirping.
A grasshopper is playing inspired
among ants and blackberries.

I walk alone.
Happy frogs sing in choir,
what a remarkable unity.
Today everyone reminds for you.
Among this beauty I am another.
Without you I am other.

BLUE QUILL, POEMarium POETIC GROUP, 9000 members, Poetic Parley № 50, for a poem neither less than 8 lines nor more than 16 lines, motif : „Sounds of Spring".

....

БОЖЕСТВЕНИ ПОСЛАНИЯ

"Винаги бъди поет, дори и в проза!"- Шарл Бодлер

Бог говори на птиците с чуруликане.
На планината – с вятъра стене.
На вълка вие в душата му.
На теленцето разказва с мучене.

За физика подрежда атоми.
За астронома – звезди и вселени.
Разкази пише на тебе, приятелю.
На мене нашепва стихотворения.

*ЗЛАТНО ПЕРО, POEMarium ПОЕТИЧНО ОБЕДИНЕНИЕ, 9
000 поети, конкурс № 35 за стихотворение от 8 до 12 реда
по цитат: "Винаги бъди поет, дори и в проза!"- Шарл
Бодлер.*

DIVINE MESSAGES

"Always be a poet, even in prose." — Charles Baudelaire

God speaks to the birds with chirping.
To the mountain - with the wind moans.
He howls at the wolf in its soul.
He tells to the calf with moo.
For physics it arranges atoms.
For the astronomer - stars and universes.
He writes short stories for you, my friend.
He whispers to me verses.

*GOLD QUILL, POEMarium POETIC GROUP, 9000 members,
competition № 35 for a poem from 8 to 12 lines, theme: "Always
be a poet, even in prose." — Charles Baudelaire.*
…….

***

Росни капки по игликите - сред отблясъци -
цъфтящи клони, полет на птици, любопитни очи.
Капките се изпаряват и във въздуха се носят
ефирни снимки на утринна гора.

*НАГРАДА за четиристишие, WORLD OF POETS AND
AUTHORS, тема: „Роса в игликите", 2020.*

***

Dewdrops on the cowslips - amid tinges -
blooming branches, bird flight, curious eyes.
Drops evaporate and scatter in the air
ethereal photos from the morning forest.

*AWARD for quatrain, WORLD OF POETS AND AUTHORS,
theme: "dew in the cowslips", 2020.*

. . . .
*

мравки по изгрев
под звездните купове
човек на пътя

*СРЕБЪРНА ЗВЕЗДА, LITERATURE LOVERS' ASSOCIATION,
конкурс № 18, хайку, само [5/7/5]*
*

ants at the sunrise
under the stellar clusters
a man on the road

*SILVER STARS, LITERATURE LOVERS' ASSOCIATION,
Competition № 18, haiku, Only [5/7/5]*

....
СВЕТЛИНА ОТ ПРИРОДАТА

"... поетите живеят с живата светлина на природата и красотата." - Г. Бейли

Пият нектар от красотата родените поети –
приличат на колибри в цъфтяща градина.
Проникват в глъбините на космоса,
достигат с фантазия светове и галактики.
Талантливите поети чуват
разлистването напролет, нежния бриз.
С бурите спорят.
Долавят трепета в сърцата на птиците,
копнежа в душите.
С безкрая се сливат.
Великите поети препредават Божието Слово -
семена на бъдещо човечество.

ЧЕРВЕНО ПЕРО, POEMarium ПОЕТИЧНО ОБЕДИНЕНИЕ, 9 000 поети, стихотворение по цитат № 15 от 8 до 12 реда, тема: „... поетите живеят с живата светлина на природата и красотата." - Г. Бейли

LIGHT FROM THE NATURE

"... poets live upon the living light of nature and beauty" - G. Bailey

The born poets drink nectar of the beauty of nature -
resemble hummingbirds in a flower garden.
They penetrate into the depths of the spaces -
with fantasy reside in worlds and galaxies.
The talanted poets hear the leaf opening in the spring,
speak to the gentle breeze and argue with storms,

they capture the trembling in the heart of the birds,
reveal the depths of the human soul,
merge with infinity and the universe.
The great poets rediscover the God's Words.
They are seeds for the future humanity.

*RED QUILL, POEMarium POETIC GROUP, 9000 members,
QUOTE-POEM: 15 for a poem neither less than 8 lines nor more
than 12 lines, Motif : "... poets live upon the living light of nature
and beauty." - G. Bailey.*

. . . .

ЩАСТИЕ

Свързвам се с безкрая,
долавям необятна мъдрост - в полет над Земята
възпявам Божието сътворение.
С моя любим и с духовете на заминалите близки,
усещам щастието през сетивата си.

*НАГРАДА, Pen Wonders International - глобална платформа
за изкуства и литература, 3 800 поети, петстишие, тема:
„Щастието е..."*

HAPPINESS

I connect with infinity,
I perceive boundless wisdom - in flight over the Earth
I sing hymns about God's creations.
With my beloved, with the spirits of the departed loved ones,
I feel happiness through my senses.

AWARD, Pen Wonders International, 3 800 members , a poem in five lines, topic: "Happiness is... "

. . . .

ШЕСТСТИШИЕ

С аромат на билки,
над високи планински треви,
слънчев емотикон се усмихва.
Бяла пеперуда
каца на ружа в ръката ми.
Изглежда по-голяма от облак.

Награда от Konect E-ZINE, 3300 поети, за стихотворение от шест стиха, съдържащо три посочени думи: ружа, емотикон, пеперуда, 2020.

SESTET

With the aroma of herbs
sunny Emoji smiles
among tall mountain grasses.
A white Butterfly lands
on a Marshmallow in my hand.
It looks bigger than a cloud.

Award from Konect E-ZINE, 3300 members, for a poem of six lines, containing three words: marshmallow, emoticon, butterfly, 2020.

. . . .

***

Гордостта има две лица -
може да вдъхновява, може да разрушава.
Мама ми внуши божествена любов
и гордост - родена съм

на най-красивата планета.

*БРОНЗОВА ЗВЕЗДА, Literature Lovers' Association, 7 600
поети, конкурс № 91, тема: „Гордост", стихотворение до
24 думи, от 4 до 8 стиха, максимум 6 думи на ред.*

***

The pride has two faces -
can inspires, can ruin.
Mum suggested me divine love
and pride - I was born
on the most beautiful planet.

*BRONZE STAR, Literature Lovers' Association, 7600 members,
competition № 91, theme: "Pride", poem up to 24 words, from 4
to 8 verses, maximum 6 words per line.*

....
ПЪРВИ ТРЕПЕТИ

Отмина лятото. Ваканцията свърши.
Вървях объркана във вечерта лилава .
В душата ми и смут, и възмущение.
Светът се срути в моите представи.

Довиждане! И залезите чезнеха
зад билото, обсипано със злато.
Довиждане! И птиците отлитаха
към чуждото горещо лято.

На теб довиждане не искам да ти кажа,
когато тръгваш с есенния вятър.
Довиждане на птиците ще казвам,
защото пак при нас ще се завръщат.

ЧЕРВЕНО ПЕРО, POEMarium ПОЕТИЧНО ОБЕДИНЕНИЕ, 9 000 поети, конкурс № 73 за стихотворение от 8 до 16 реда, тема: „ТИНЕЙДЖЪРСКА ЛЮБОВ".

FIRST EXCITEMENTS

The summer is gone. The vacation is over.
I walked confused in the purple evening.
In my teenage soul - confusion, indignation.
The world collapsed in my imaginations.

Goodbye! The sunsets disappeared
behind a mountain strewn with goldish flamer.
Goodbye! The birds flew away
to someone else's hot summer.

I don't want to say goodbye to you,
when you leave with the autumn train.
I will say goodbye to the birds -
they will return to us again.

RED QUILL, POEMarium POETIC GROUP, 9000 members, competition № 73 for a poem from 8 to 12 lines, topic: "TEENAGE LOVE ".

....

УСИЛНА ЛУНА

В безлунно небе сме вгледани
и търсим сред звездите Бог и пътища.

Навлиза Луната в тъмния си образ
в мига пред новолуние.
Чрез вяра и очакване да изживеем този миг.
Порталът от енергия да се разтвори

и в нас да влее алхимично сътворение.

Приижда новата Луна, изгряваща-
мистична, тайнствена и фантастична.
Под нейното сияние ще скитаме,
да споделим най-съкровените желания,
да ги посеем в лунната пътека
и ги обсипем с обич и доверие.

Танцуваме в лунния цикъл астрално.
И любовта ни расте. Нараства.
Искри и свети в път към пълнолуние.

*ЗЛАТНО ПЕРО, POEMarium ПОЕТИЧНО ОБЕДИНЕНИЕ, 9
000 поети, конкурс № 92 за стихотворение от 8 до 16 реда,
тема: "УСИЛНА ЛУНА".*

MOON-LABOURS

We are looking into the moonless sky
in seeking God and roads through the stars.

The Moon enters its dark image
in moment before the new moon coming.
Let's experience this moment of faith and anticipation.

We expect the portal of energy to dissolve
to infuse in us an alchemical creation.
The Moon returns new and growing –
mysterious, mystical, fantastic.
In its radiance we will wander
to tell it our innermost wishes,
we to sow them in moonlit path,
to shower them with love and trust.

We are dancing with the Moon and stars.
Our love grows and unfolds,
shines on way to the full moon.

*GOLD QUILL, POEMarium POETIC GROUP, 9000 members,
competition № 92 for a poem from 8 to 16 lines, theme: "MOON-
LABOURS".*

ПРЕЗ РОЗИТЕ / THROUGH THE ROSES

ВИДЕНИЕ

Покриха главата на Исус
с венец от тръни.
Венецът се раззелени
и разцъфтяха рози:
алени като кръвта,
розови като мечтите,
бели като вест
за чакано спасение.

ПОЕТ ЗА ВТОРАТА ПОЛОВИНА на юни 2022 г., Поетично обединение POEMarium, 9 000 поети от различни страни, конкурс № 106 за стихотворение от 8 до 16 реда, тема: „ТРЪНИ". Рецензия от Sahjahan Ali Ahmed.

VISION

They covered the head of Jesus
with a wreath of thorns.
The wreath turned green
and roses bloomed:
scarlet as blood,
pink as dreams,
white as the news
for the expected salvation.

POET OF THE FORTNIGHT, June 2022, POEMarium Poetry Association, 9 000 poets from different countries, competition № 106 for a poem from 8 to 16 lines, theme: " THORNS". Review by Sahjahan Ali Ahmed.

РАЗМИСЛИ ЗА МИРА И ВОЙНАТА

Несетно кестените прецъфтяха
преди да видим цветовете дъхави.
Животът между пръстите изтича,
докато гледаме световни изявления.

И всеки ден очите проследяват
тревожните конфликтни новини,
пристигащи от изток и от запад,
прииждащи от север и от юг -
от Главната квартира на Човечеството.

Сънят се разтопи в кафето ни,
докато размишлявахме над смисъла
между невидим вирус и съдбите ни.

Как странно е, че ние се обичаме
под клоните с божествените ябълки.
Човечество, дано да проумеем,
как Бог ни сътвори за обич и за съзидание.

*„ГЛОБАЛНА НАГРАДА МИРОТВОРЕЦ" от CORRIENTE
UNIVERSAL DE LA PALABRA Y DE LAS ARTES, ERA DEL
ANTROPOCENO "CUPAEA"/ УНИВЕРСАЛНО ДВИЖЕНИЕ
НА СЛОВОТО И ИЗКУСТВАТА, ЕРАТА НА АНТРОПОЦЕНА
"CUPAEA", Еквадор, Колумбия, Аржентина, Пуерто Рико,
Ел Салвадор;
ЧЕРВЕНО ПЕРО, POEMarium ПОЕТИЧНО ОБЕДИНЕНИЕ,
9 000 поети, конкурс № 95 за стихотворение от 8 до 16
реда, тема: "МИР.*

THINKING ABOUT PEACE AND WAR

Imperceptibly the chestnuts shed its blossoms
before we can see them.
Life between fingers runs out
as we watch world statements.

And every day the eyes follow
the disturbing news of the conflicts,
arriving from east and f west,
coming from north and south -
from the Headquarters of Humanity.

The sleep melted in our coffee,
as we pondered the meaning
between invisible viruses and our destinies.

How strange, we love each other
under the branches with the divine apples.
Mankind, let's understand
God created us for love and creation.

*GLOBAL PACIFISTA AWARD from CORRIENTE UNIVERSAL
DE LA PALABRA Y DE LAS ARTES, ERA DEL ANTROPOCENO
"CUPAEA" – Ecuador, Colombia, Argentina, Puerto Rico, El
Salvador;
RED QUILL, POEMarium POETIC GROUP, 9000 members,
competition № 95 for a poem from 8 to 16 lines, theme:
"PEACE".*

....

МАХАЛО
„Поезията - ясният израз на смесени чувства“ – W. H. Auden

В този миг моите мисли ти пращам.
Излъчвам ги в пространството. Ще те намерят.

Животът ни - движение на махало
от лява мъртва точка - до дясна,
от работа в сън – от сън в работа,
от изгрев до залез – от залез до изгрев.

Животът ни люшка равномерно
от обич - в измама, от усмивка - в сълза,
от раждане - в смърт,
от смърт – към възкресение.

Сред смесени чувства
преоткривам Любовта.

*ЧЕРВЕНО ПЕРО, POEMarium ПОЕТИЧНО ОБЕДИНЕНИЕ,
9 000 поети, конкурс № 24 за стихотворение по цитат:
„Поезията - ясният израз на смесени чувства“ – W.H. Auden,
от 8 до 12 реда.*

PENDULUM
“Poetry - the clear expression of mixed feelings” - W H Auden

At this moment I am sending you my thoughts.
I broadcast them in space. They will find you.

Our lives are pendulum motion
from left dead point - to the right,
from a work - in a sleep,
from a sleep - in a work,
from a sunrise - to a sunset,

from a sunset - to a sunrise.

Our lives are swaying continuously
from love - to deceit, from a smile - to a tear,
from birth - to death, from death - to resurrection.

Amid a mixture of feelings, I rediscover Love.

*RED QUILL, POEMarium POETIC GROUP, 9000 members,
Quote Poem: 24 motif: "Poetry - the clear expression of mixed
feelings" - W H Auden, for a poem of minimum 8 lines and
maximum 12 lines.*

....
СЪВРЕМИЕ

Телата ни са толкова раними
в този свят от камък и желязо,
в света на динамични скорости,
на думите – убийци, на световни драми.

Телата ни така са уязвими
от всякакви бактерии и вируси,
от ниското налягане на въздуха,
от скритата отрова на тревите,
от нервите ни, струни изпокъсани.

Телата ни са извънредно крехки,
че винаги когато те прегръщам,
аз като полъха те милвам
и като слънцето те галя.

Старая се да компенсирам с нежността си
на дивната природа остротата.
Да се живее в този свят е нужна смелост.

СИНЬО ПЕРО, POEMarium ПОЕТИЧНО ОБЕДИНЕНИЕ, 9 000 поети, конкурс № 75 за стихотворение от 8 до 16 реда, тема: „СМЕЛОСТ".

MODERNITY

Our bodies are so vulnerable
in this world from stone and iron,
in the world of dynamic speeds,
of words - killers, of world dramas.

Our bodies are so assailable
from any bacteria and viruses,
from low air pressure,
from the hidden poison of the grass,
from our nerves, torn strings.

Our bodies are so brittle,
that whenever I hug you,
I caress you like a breeze,
as the sun I fondle you.

I try to compensate with my tenderness
the sharpness of the great nature.
We must be brave to live in such a world.

BLUE QUILL, POEMarium POETIC GROUP, 9000 members, competition № 75 for a poem from 8 to 12 lines, topic: "The brave".

. . . .

СЛЕД БУРЯ

След толкоз удари и унижения
поезията в мене е травмирана.
Пречупиха стъблото й
и ето
стихове не пиша.

„Не се оплаквай! –
казва ми животът. –
Поезията не умира!
Стабилни корени е вплела в тебе,
космически устойчиви.
Ще дойде пролет!
Думите ще бликат
с най-истинската сила на цъфтежа.”

*ЧЕРВЕНО ПЕРО, POEMarium ПОЕТИЧНО ОБЕДИНЕНИЕ,
9 000 поети, конкурс № 94, стихотворение от 8 до 16 реда,
тема: „Перото някога и сега“.*

AFTER A STORM

After so many hits and humiliations,
poetry in me is traumatized.
Its stem has been broken.
And so
I don't write any verses.

"Don't complaining! –
life told me sternly. -
The poetry doesn't die!
Its strongest roots have grown up
in your essence
and they are cosmically stable.

The spring will come!
The the words will gush
with the truest blooming power. "

*RED QUILL, POEMarium POETIC GROUP, 9000 members,
competition № 94, poem from 8 to 16 lines, theme: "Pen then and
now".*

....

МОЛИТВА

Господи, моля те,
пречисти храма на душата ми – тялото,
храма на тялото – дома,
и храма на дома – града,
пречисти храма на града – държавата,
храма на държавата – континента,
храма на континента – планетата,
храма на планетата – Слънчевата система,
храма на Слънчевата система – галактиката,
и храма на галактиката – галактичните купове.
Господи, умолявам те,
пречисти всички храмове!
И дай поетични очи на хората,
да видят твоите съвършени творения и ги обикнат!

*ЧЕРВЕНО ПЕРО, POEMarium ПОЕТИЧНО ОБЕДИНЕНИЕ,
9 000 поети, конкурс № 84 за стихотворение от 8 до 16
реда, тема: „МОЛИТВА<>ПОЕЗИЯ".*

PRAYER

Our God, please,
purify the temple of my soul - the body,
the temple of the body - the home,
and the temple of the house - the city,
purify the temple of the city - the state,
the temple of the country - the continent,
the temple of the continent - the planet,
the temple of the planet - the solar system,
the temple of the solar system - the galaxy,
and the temple of the galaxy - the galaxy clusters.
Our Lord, I beg you,
purify all the temples!
And give people poetic eyes,
to see your perfect creations and love them!

*RED QUILL, POEMarium POETIC GROUP, 9000 members,
competition № 84 for a poem from 8 to 16 lines, theme: "
Prayer<>Poetry".*
. . . .

В ОЧАКВАНЕ НА ПРОЛЕТ

Снегът вали с кристални маргарити.
Земята се покрива с бели калии.
Проблясват скрежни таралежи из косите ти,
поискали с очи да ги погаля.

Валят снежинки с форма на звезди.
Небето над Земята слиза.
По пръстите ти парят минзухари .
Кокичета край къщите звънтят.

Зад снежната завеса идва пролет.

Потегля зимата към друго полушарие.
Възраждат се природата и любовта,
пробудени от промислите Божии.

*ЧЕРВЕНО ПЕРО, POEMarium ПОЕТИЧНО ОБЕДИНЕНИЕ,
9 000 поети, конкурс № 96 за стихотворение от 8 до 16
реда, тема: " В ОЧАКВАНЕ НА ПРОЛЕТ".*

WAITING FOR SPRING

The snow is falling with crystal daisies.
The earth is covered with white calla lilies.
Frosted hedgehogs flash through your hair,
asking me to stroke them with my eyes.

Snowflakes are dropping star-shaped.
The heaven descends to the ground.
Crocuses are steaming on your fingers.
Snowdrops are ringing near houses.

Behind the snow curtain spring is coming.
The winter goes to another hemisphere.
Love and nature are revived again,
awakened by the universal providence.

*RED QUILL, POEMarium POETIC GROUP, 9000 members,
competition № 96 for a poem from 8 to 16 lines, theme: "Waiting
for Spring".*

....

ЗИМНИ НАСТРОЕНИЯ
„Ако дойде зимата, може ли пролетта ...?" П.Б. Шели

Сега е зима, мислите ми - пролетни.
Неустоим възход разпалва цветовете.

Избликва в нас отново светлина,
във всичко се пробужда нов живот.

С теб търсим завет между планини.
Стихиите щрихират върхове,
ужасни вихри в дървесата тресват,
единият е – яростен, свиреп е другият.

Метеорити към земята падат.
Звезди гигантски се привличат.
Ръката ти намира моята през хаоса.
Искри любовни засияват.

*ЗЛАТНО ПЕРО, Поетично обединение POEMarium, 9 000
поети от различни страни, конкурс № 41 за стихотворение
от 8 до 12 реда по цитат: „Ако дойде зимата, може ли
пролетта ...？“ П. Б. Шели.*

WINTER MOODS
"If winter comes, can spring.... ?" - P. B. Shelley

It's winter now, I see the spring -
The colors flare up with an irresistible rise.
Light is gushing in us again
and awakens everything for new life.

We seek a covenant between mountains.
Natural elements outline peaks,
terrible whirlwinds shake the trees,
one furious, the other ferocious.

Meteorites fall to the ground.
Giant stars are attracted.
Your hand is looking for my hand in chaos.
Sparks of love illuminate the space.

GOLD QUILL, Poemarium Poetry Association, 9 000 poets from different countries, competition № 41 for a poem from 8 to 12 lines, by quote: " If winter comes ,can spring.... ?" - P. B Shelley

....
ЦЪФТЯЩА ВЕЧЕР

Тази вечер Земята се къпе в цветове и ухания.
Аз те викам телепатично - Вселената чува моите мисли.
Представям си как си се втурнал от онази галактика
при мене да дойдеш в тази цъфнала вечер,
как пристигаш от брега на Всемира
да посрещнем пролетта на Земята.
Световете очакват да се върнем при радостта,
при безсмъртните истини на нашите създатели
от Висшите сфери - да разберем
дали сме дорасли за живот по-възвишен.

COOCH BEHAR ANTHOLOGY, Cooch Behar, Индия, 2022, десетстишие.

BLOOMING EVENING

Tonight the Earth is bathed in flowers and scents.
I call you telepathically - the Universe hears my thoughts.
I imagine you are rushing out of that galaxy
to come to me in this blooming evening,
you are arriving from the shore of the Universe
to welcome the spring on the Earth.
The worlds expect us to return to joy,
in the immortal truths of our creators
from the Higher realms - we to discover
if we have grown up for a more Higher life.

COOCH BEHAR ANTHOLOGY, Cooch Behar, India, 2022, a poem from 10 lines.

....

СТИХОТВОРЕНИЕ — Лирически лист

Пиша писма по листенца от вишня -
вятър ги носи.
Стихове пресъздавам наум.
Вихри ги вдигат навъзбог към астрала
с шепота на листата.

В хора на изкуството сме ние!
Чувстваме целия свят за родина.
Във времената сме пребивавали.
Хората да са братя - мечтаехме,
наши приятели да са животните.
Нека хармония цъфти на Земята!

ЗЛАТНО ПЕРО, POEMarium ПОЕТИЧНО ОБЕДИНЕНИЕ, 9 000 поети, конкурс № 102 за стихотворение от 8 до 16 реда, тема: "Лирически лист".

POEM — A Lyrical Leaf

I write letters on cherry leaves -
a wind carries them.
I recreate verses in my mind.
Whirlwinds lift them up to the sky-high
to the astral
with the whisper of the leaves.

We are in the chorus of art!
We feel the whole world as a homeland.
We have lived in the times.
Our dream is to be brothers with people,

with the animals - friends
and may harmony flourish on Earth!

GOLD QUILL, POEMarium POETIC GROUP, 9000 members, competition № 102 for a poem from 8 to 16 lines, theme: "POEM — A Lyrical Leaf".

....
ПОЕТИЯТ ПЪТ

Пътуваме предутринно
към изгрева на слънцето.
Край обли планини
през долината с розите.

В едно купе сме седнали.
В посоката на влака съм -
пред мен е панорамата,
която приближава.
Ти гърбом си и виждаш
отминалите гледки.

В едно купе пътуваме,
а с нас е любовта ни.
В един и същи влак сме -
на нашата планета,
стремително поела
по звездни магистрали.

СПЕЦИАЛНА ДИАДЕМА по случай празника Vijaydashmi, POEMarium ПОЕТИЧНО ОБЕДИНЕНИЕ, 9 000 поети, конкурс № 89 за стихотворение от 8 до 16 реда, тема: "ПОЕТИЯТ ПЪТ".

THE ROAD TAKEN

We are traveling with you
in the morning
to the sunrise.
Around us - rounded mountains
by the valley of the roses.

We are sitting in a compartment.
I'm in the direction of the train -
in front of me is the panorama,
which is approaching.
You are with your back
in the travel direction
and you see the past views.

We are in the same compartment
with our love, in the same train -
on our planet,
rushed on star highways.

*SPECIAL DIADEM on the Occasion on Vijaydashmi,
POEMarium POETIC GROUP, 9000 members, competition №
89, poem from 8 to 16 lines, theme: "THE ROAD TAKEN".*
....

ЕСЕННИ БАГРИ

Листата огнени на клена
се носят плавно над земята,
понесени от палав вятър
със залеза да отпътуват.

Не иска да си тръгне слънцето,
небето грее в старо злато.
Над кехлибарен куп от царевица
мечтае рижото ми коте.

Лози възлизат върху хълма
с уханно медоносно грозде.

Загледала съм се след птиците
и с тях политам над планетата
към алено небе и слънце,
сред плодове, цветя и облаци –
да се прелея в есенната аура
с искряща хризантема над ухото.

*ANTHOLOGIE EPHEMERIDE: feuilles detachees / Антология
„Ефемериди”: волни листа", Франция, 2022;
ЧЕРВЕНО ПЕРО, POEMarium ПОЕТИЧНО ОБЕДИНЕНИЕ,
9 000 поети, конкурс № 88 за стихотворение от 8 до 16
реда, тема: " АУРА НА ЕСЕНТА".*

AURA OF AUTUMN

The fiery leaves of the maple
are floating smoothly over ground,
carried by the naughty wind
to depart with the sunset.

The sun does not want to leave,
the sky glows in ancient gold.
Above the amber pile of corn
my carroty kitten dreams.

The vines climb up the hill

with fragrant honey grapes.
I stared after the flocks of birds
and with them I fly above the planet.

To the scarlet sky, the life-giving sun,
among fruits, flowers and clouds -
I flow into the autumn aura
with a sparkling chrysanthemum on the ear.

*ANTHOLOGIE EPHEMERIDE: feuilles detachees /
ANTHOLOGY EPHEMERIS: LOOSE LEAVES, France, 2022;
RED QUILL, POEMarium POETIC GROUP, 9000 members,
competition № 88 for a poem from 8 to 16 lines, theme: "AURA of
AUTUMN".*

. . . .

В ДЪЖДА

Счупи се синята гарафа на небето
с дъждовна весела вода.
Шуртеше равномерно
през божествено решето
върху дървета, къщи и цветя.

Водата се изтече.
От отвора надникна
на слънцето златистата глава.
Ти ме прегърна и двама продължихме
под седемцветната дъга.

*ЗЛАТНО ПЕРО, POEMarium ПОЕТИЧНО ОБЕДИНЕНИЕ, 9
000 поети, конкурс № 86 за стихотворение от 8 до 16 реда,
тема: „ДЪЖДОВЕ".*

IN THE RAIN

The blue carafe of the sky broke -
from there flowed cheerful rainwater.
It was dripping evenly
through the divine sieve
on houses, trees and flowers.

The water ran out.
The golden head of the sun
peered out of the opening.
You hugged me and we both continued
under the seven-colored rainbow.

*GOLD QUILL, POEMarium POETIC GROUP, 9000 members,
competition № 86 for a poem from 8 to 16 lines, theme:
"RAINS".*
....

ОКТЕТ ЗА ПРАЗНИКА НА СВЕТЛИНАТА ДИВАЛИ

Внезапни фойерверки в редиците светлинни -
запалили сме лампи под нощните звезди.
Мечтая да се върнат щастливите години,
в триумфа на доброто светът да ни върти.

С небесен благослов в душите просветлени
да зреят плодове и възроден живот.
Във време на цъфтеж, в безкрая на вселената,
заслужили сме щастие и Божия любов.

*ЧЕРВЕНО ПЕРО, POEMarium ПОЕТИЧНО ОБЕДИНЕНИЕ,
9 000 поети, конкурс № 90 за римувано стихотворение от 8*

реда, тема: „ОКТЕТ ЗА ПРАЗНИКА НА СВЕТЛИНАТА ДИВАЛИ".

OCTET ON DEEPAWALI

Rows of lighted lamps, stars in the night,
fireworks and neon lights.
I dream about series of happy days
in which goodness wins with invisible rays.

Enlightened souls ascend, the heaven pouring blessing,
Earth gives fruits and life in its ravishing timing,
we have already deserved our happiness
from God's love and universe vastness.

RED QUILL, POEMarium POETIC GROUP, 9000 members, competition № 90 for poem of 8 lines, theme: "OCTET ON DEEPAWALI".

. . . .

СЦЕНАРИЙ НА ВРЕМЕТО

До вчера разпознавах сценария на времето:
през зимата – дълбоки снегове и буреносен вятър,
напролет - цъфнали дървета сред зеленина.
Но днес природата е вече променена.

Есен е,
а люлякът цъфти отново
и ябълката в двора, и бялата акация.
Ухаят рози, сякаш е през май.

Неузнаваема пристига зимата –
безснежна, без пързалки и ледени дантели.
Дъждът вали, вали – подгизнало е всичко.

Сезоните върху Земята са тържествени.
С божествена ръка Вселената ни защитава,
предопределя съдбата и живота.

*ЧЕРВЕНО ПЕРО, POEMarium ПОЕТИЧНО ОБЕДИНЕНИЕ,
9 000 поети, конкурс № 71 за стихотворение от 8 до 16
реда, тема: „Сценарий на сезоните.“*

SCENARIO OF SEASONS

I could recognize the weather scenario until yesterday:
in winter - heavy snow and stormy winds,
in spring - everything turns green, the trees are blossoming.

But today,
the nature has already changed.
It's autumn, the lilac trees have bloomed again
and the apple tree in yard, and white acacia.
Red roses smell like it is May.

Winter is coming unrecognizable -
no snow, slides, ice laces.
It's raining, raining - everything is soaked with water.

The seasons on Earth are solemn.
With divine hand the Universe protects us
and it directs the destiny and life.

*RED QUILL, POEMarium POETIC GROUP, 9000 members,
Poetic Parley - 71 for a poem of minimum 8 lines and maximum
16 lines, the motif: "Scenario of Seasons".*
....

МОНОЛОГ НА ПЕРОТО

Среднощ светкавица проблесна
и гръмотевиците разговаряха.
Видях писецът светещ да изписва
прозрения върху екрана на небето.

Писалката телепатично ни нашепна:
„На словото съм символ и на азбуки.
Длето бях по произход,
издълбавах йероглифи върху камък.
Изписвах буквите с мастило,
оставях белези от кръв подир сражения,
сега принтирам думите със светлина.
Аз пазя спомени и артефакти
за звездите и планетите,
за лъкатушещия път на нашето човечество .“

ЗЛАТНО ПЕРО, POEMarium ПОЕТИЧНО ОБЕДИНЕНИЕ, 9 000 поети, конкурс № 85, стихотворение от 8 до 16 реда, тема: „МОНОЛОГ НА ПЕРОТО”.

SOLILOQUY OF PEN

Midnight lightning flashed
and the thunders talked.
I saw the glowing electric quill
to write insights on the heavenly screen.

Their pen telepathically whispered to us:
"I am a symbol of words and alphabets.
In the beginning I was a chisel,
which carves hieroglyphs on stones.
Then I wrote the letters in ink,

I left traces of blood in battles and torture,
now I print the words with light.
I keep memories and artifacts,
the knowledge of the planet and the stars,
for the meandering road of all mankind."

*GOLD QUILL, POEMarium POETIC GROUP, 9000 members,
competition № 84 for a poem from 8 to 16 lines, theme:
"SOLILOQUY OF PEN".*

....

ОГЛЕДАЛА

*"Поезията е огледало, разкрасило онова, което е изкривено."
- П. Б. Шели*

Виждах целия свят - не и себе си.
Оглеждах се в различни хора -
кой отразяваше истинския ми образ.

Нереално ме подценяваха
и надценяваха.
Приписваха ми техни лични грехове,
непостижимо щастие ми подаряваха.
Сравняваха ме със свои познати
или явления.

Външността се променя.
Ти откри душата ми
и я възпя в прекрасни стихове.

*СИНЬО ПЕРО, POEMarium ПОЕТИЧНО ОБЕДИНЕНИЕ, 9
000 поети, конкурс № 30 за стихотворение от 8 до 12 реда
по цитат: "Поезията е огледало, разкрасило онова, което е
изкривено." - П. Б. Шели*

MIRRORS

*"Poetry is a mirror which makes beautiful that which is
distorted." -P. B. Shelley*

I saw the whole world - but not myself.
I looked at myself in different people -
who reflected my true image.

I was unrealistically underestimated
and overestimated.
They attributed their personal sins to me,
gave me unattainable happiness.
They compared me to their acquaintances
or phenomena.

Appearance is changing.
You discovered my soul
and glorified it in wonderful verses?

*BLUE QUILL, POEMarium POETIC GROUP, 9000 members,
competition № 41 for a poem from 8 to 12 lines, theme by quote:
"Poetry is a mirror which makes beautiful that which is
distorted." -P. B. Shelley.*

....

АМБИЦИЯ

Помолих да бъда като небето,
което цяла нощ изтичаше с дъжда
и на сутринта остана цяло.

Помолих да бъда като реката,
която денонощно тече
и не пресъхва, а бърза по пътя си.

Помолих да бъда като вятъра,
който духа по улици и площади,
по градове и държави, а свири зад мен.

Помолих да бъда като планината,
която твърдо стои от векове -
носи гори, реки, поляни, птици...

И осъзнах – амбиция движи света,
но прекалено амбициозният е вреден за хармонията.
Бог е създал всичко както трябва.
И аз съм тази, която трябва да бъда.

*ЗЛАТНО ПЕРО, POEMarium ПОЕТИЧНО ОБЕДИНЕНИЕ, 9
000 поети , конкурс № 82 за стихотворение от 8 до 16 реда,
тема: „АМБИЦИЯ".*

AMBITION

I asked to be like the sky
that had been raining all night
and in the morning it remained whole.

I asked to be like the river
that flows around the clock and does not dry up,
but hurries on its way.

I asked to be like the wind that blows
in the streets and squares, in cities and countries,
and whistles behind me.

I asked to be like the mountain
that has stood firm for centuries -
carries forests, rivers, meadows, birds ...

And I realized - ambition moves the world,
but overly ambitious ones harm harmony.
God created everything right.
And I am who I should be.

*GOLD QUILL, POEMarium POETIC GROUP, 9000 members,
competition № 82 for a poem from 8 to 16 lines, theme:
"AMBITION".*

....
РЕТРОСПЕКЦИЯ
*„Поезията е майчиният език на човешката раса" - Йохан
Георг Хаман*

Отдавна кулата на Вавилон е сринета
и камъните по земята са се пръснали.
Говорим си на хиляди езици,
ала и на един език не се разбираме.

Не са езиците, различни са душите ни
и ценностите ни, и самотата,
която плаче за онези златни времена,
когато бяхме Божии подобия.

Един и същ езикът на поетите върху Земята е,
те носят в себе си Божественото слово
и го изричат в стихове за цялото човечество.

*ЧЕРВЕНО ПЕРО, POEMarium ПОЕТИЧНО ОБЕДИНЕНИЕ,
9 000 поети, конкурс № 30 за стихотворение от 8 до 12 реда
по цитат: „Поезията е майчиният език на човешката раса"
- Йохан Георг Хаман.*

RETROSPECTION

"Poetry is the mother-tongue of the human race" - Johan Georg Hamann

The tower of Babylon has collapsed long time ago
and the stones are scattered on the whole earth.
We speak to each other in thousands of languages,
but even in the same language
we don't understand each other.

Not the languages, our souls are different,
our values are varied and the loneliness,
who cries for those golden times,
when we were God's likenesses.

The language of the poets is the same on Earth
they carry the God's mother-tongue in themselves
and utter it in verses for all mankind.

RED QUILL, POEMarium POETIC GROUP, 9000 members, competition № 30 for a poem from 8 to 12 lines, theme by quote: "Poetry is the mother-tongue of the human race" Johan Georg Hamann.

. . . .

ЕМОЦИОНАЛЕН СПОМЕН

Пак си спомням оня миг,
мрак покриваше Земята.
Ухание на пролетни цветя,
усещане за близост непозната.

Навън бе тъмно и се колебаех.
А трябваше сама за продължа,
замислена за двама ни, за светлината –
че можем да се разпилеем.
Душата в мене се разплака.

- Тръгни! – ми каза ти, загледан в мрака.
– Върви, ще те намеря в световете.
- Но в тъмното нали ще се изгубим.
- Ще те открия. В тъмнината светиш.

*ЧЕРВЕНО ПЕРО, Поетично обединение POEMarium, 9 000
поети от различни страни, конкурс № 107 за стихотворение
от 8 до 16 реда, тема: „ЕМОЦИИ".*

EMOTIONAL MEMORY

I remember that moment again
darkness covered the Earth.
Fragrance of spring flowers,
feeling of nearness unknown.

It was dark outside and I hesitated.
But I had to go on alone,
thinking about both of us, about the light -
that we can be scattered.
The soul within me started crying.

- Go on! – you said to me, staring into the twilight.
- Go, I will find you in the worlds.
- I'm afraid we'll get lost - I told.
- I'll find you. You shine in the blackness.

RED QUILL, Poemarium Poetry Association, 9 000 poets from different countries, competition № 107 for a poem from 8 to 16 lines, theme: " EMOTIONS".

....

СЪНОВИДЕНИЯ В ДОЛИНАТА НА РОЗИТЕ

През сънищата ми шуми реката Стряма*
с прозрачни пеещи води.
По бреговете й вървяхме с мама.
Преди.

Пасажи риби във водите,
под сенките на прелестни върби.
Табуни водни кончета прелитат.
Като преди.

Пасат кози и крави в храсталака,
ветрец ефирен в листите шуми.
Над планини и рози дъжд заплаква
и ромоли.

Красиво камъче ми дава мама,
разказва ми за моите деди.
Реката тича през гориста панорама…
Но бе преди.

Вървя далеч от райските градини.
Какво ли в моя джоб тупти?
Изящно камъче, което подари ми
реката приказна. Преди.

* *Река Стряма протича през Долината на розите и тракийските царе в България, Европа.*

MY RIVER ANTHOLOGY, RIVER IS PART OF POET'S LIFE / антология „МОЯТА РЕКА", РЕКАТА Е ЧАСТ ОТ ЖИВОТА НА ПОЕТА, Индия, 2022.

DREAM VISIONS IN THE VALLEY OF THE ROSES

The river Stryama* rustlings in my dreams
with transparent singing waters.
We walked with my mom along its shores .
Before.

Fish passages of in the waters,
under the shades of lovely willows.
Flocks of dragonflies cross the sun glow.
Like before.

Goats and cows graze in the undergrowth,
an ethereal breeze in the leaves rustles.
Rain weeps over mountains and roses
and whispers.

Mom gives me a mystic pebble,
tells me about my ancestors and the shore.
The river runs through a wooded panorama…
But it was before.

I walk so far from the rose gardens.
What's in my pocket is pulsing? And I adore.
The exquisite pebble that the river gave me.
Before. So long before.

The Stryama River flows through the Valley of the Roses and the Thracian Kings in Bulgaria, Europe.

MY RIVER ANTHOLOGY, RIVER IS PART OF POET'S LIFE, India, 2022.

…….

НАДЕЖДА

Утринно бърза калдъръмена улица.
Стъпвам от камък на камък по камък…

Представям си утрешен свят без пандемия.
Живеем в хармония, помъдряло човечество.
В братство и мир. Благославя ни Бог.
Аромат на цветя, птичи песни наоколо,
хора се смеят.
Мисля за теб, бленувам,
съзирам те…

Неусетно достигам върха на хълма.
С окрилената моя надежда политам
от облак на облак над облак…
И над Земята се нося.

*WORLD POETRY TREE /СВЕТОВНО ПОЕТИЧНО ДЪРВО,
Anthology for Hope, Love and Peace /антология за надежда,
любов и мир, Expo - Dubai 2020 Edition /Дубай - Експо 2020;
НАГРАДА от 16-тия конкурс на Литературна фондация
SURYODAYA/ИЗГРЕВ за стихотворение от 8 до 20 реда,
тема: "Хуманност";
Участие в 1-вия Филипински международен поетичен
фестивал на китайската пролетна поезия „Гала Фест”,
2022.*

MORNING HOPE

The cobbled street is fast in the morning.
I'm stepping from stone to stone by stone...

I imagine tomorrow -
a world without pandemic,

wiser humanity, we live in brotherhood,
harmony, peace. God blesses us.
Around - aroma of flowers, songs of birds,
people's laughter.
I think of you, I long for you,
I behold you...

Imperceptibly I reached the top of the hill.
Winged by my hope, I fly
from cloud to cloud by cloud...
And I float above the Earth.

*WORLD POETRY TREE, Anthology for Hope, Love and Peace,
Expo - Dubai 2020 Edition;
PRIZE from the 16th competition of the SURYODAYA Literary
Foundation for a poem from 8 to 20 lines, theme: "Humanity".
Participation in the 1st Philippines Venue of the Chinese Poetry
Spring Festival Gala, 2022.*

МИНКО ТАНЕВ / MINKO TANEV

ЗВЕЗДНА АЗБУКА / STAR ALPHABET

СИМВОЛИКА НА СЕНКИТЕ

„Поезията е ехо, поканило сенките да танцуват"- Карл Сандбърг

Боже, озари живота ми,
моите видения и пътища
със светлината си -
слухът ми Те вика,
очите ми молят.

Копнеещото ми сърце разчита
звездната Ти азбука -
превежда ми небесна притча
за митични герои.

Съзидателната мощ пулсира
величествено и тревожно.
Свещта. Проблясъкът на Словото.
Посланието от Всемира.

ПОЕТ НА МЕСЕЦА, 24.12.2020, POEMarium ПОЕТИЧНО ОБЕДИНЕНИЕ, 9 000 поети, конкурс № 23 за стихотворение по цитат от 8 до 12 реда, тема: „Поезията е ехо, поканило сенките да танцуват" - Карл Сандбърг. Стихотворението е рецензирано от Mohan Lal Verta.

SYMBOLISM OF THE SHADOWS

"Poetry is an echo, asking a shadow to dance" - *Carl Sandburg*

God, illuminate my life, roads, visions
lightning-fast -
my hearing cry for You
and my eyes beg You.

The panting heart relies
Your star alphabet -
translates for me a heavenly parable
for mythical heroes.

The creative force pulsates
majestically and anxiously.
The candle. The glimmer of the words.
The message by the Universe.

*POET OF THE MONTH, POEMarium POETIC GROUP, 9000
members, QUOTE POEM № 23 for a poem of minimum 8 lines
and maximum 12 lines, the motif: "Poetry is an echo, asking a
shadow to dance." — Carl Sandburg. The poem was reviewed by
Mohan Lal Verma.*

…….

СВЕТЛА ПРОМИСЪЛ

Сам със Словото съм. Сам.
И пред възгласа.
Чудото да пресъздам
земетръсно.

Вулканични върхове

в мен изригват
и безкраят ме зове
в звезден цикъл.

Вдъхновен от любовта
падам ничком.
И сияйно заблестя
Бог във всичко.

*WORLD POETRY TREE /СВЕТОВНО ПОЕТИЧНО ДЪРВО,
антология за надежда, любов и мир, Експо 2020, Дубай ,
2022;
ЗЛАТНО ПЕРО, POEMarium ПОЕТИЧНО ОБЕДИНЕНИЕ, 9
000 поети, конкурс № 85 за стихотворение от 8 до 16 реда,
тема: „МОНОЛОГ НА ПЕРОТО”.*

SOLILOQUY OF PEN

I am alone with the Word.
I am alone with the exclamation.
The miracle to recreate
like an earthquake.

Volcanic peaks
in me erupt
and the infinite calls me
in a stellar cycle.

Inspired by the love
I kneel.
And God shines brightly
in everything.

*WORLD POETRY TREE, Anthology for Hope, Love and Peace,
Expo - Dubai 2020, Edition 2022;*

*GOLD QUILL, POEMarium POETIC GROUP, 9000 members,
competition № 84 for a poem from 8 to 16 lines, theme:
"SOLILOQUY OF PEN".*

....
ЗВЕЗДНА АЗБУКА

*„Истинската поезия може да общува, преди да бъде
разбрана" - Т. С. Елиът*

Ехтеше в тъмни пусти стаи
небесният ни праезик —
бях звезден жител и мистик —
не съм престанал да мечтая.

И ето ме върху земята
с космическия идеал —
отечество съм си избрал
и пришълците в мен се мятат.

И безначално, и безкрайно
от бъдещето в нас прииждат
послания на звездни жители.
И хрониките на Акаша.

*ПОЕТ НА МЕСЕЦ ОКТОМВРИ 2021, POEMarium
ПОЕТИЧНО ОБЕДИНЕНИЕ, 9 000 поети, конкурс № 33 за
стихотворение от 8 до 12 реда, тема: „Истинската поезия
може да общува, преди да бъде разбрана" -Т. С. Елиът.
Рецензия: проф. Pushpalatha Ramakrishnan;
КИТАЙСКА МЕЖДУНАРОДНА НАГРАДА ЗА ПОЕЗИЯ
ZHENG XIN, Фестивал на лодките-дракони, Китай, 2022 .*

STAR ALPHABET

"Genuine poetry can communicate before it is understood"- T. S. Eliot

Our celestial proto-language
echoed in dark, empty rooms
I was a star dweller and a mystic -
I did not stop my dreaming.

And here I am on the ground
with the cosmic ideal -
I have chosen a homeland
and the aliens in me are tossing.

And infinitely, and without beginning
messages of stellar inhabitants
Come to us from the future
From the Akash records.

*POET OF OCTOBER 2021, POEMarium POETIC GROUP,
9000 members, competition № 33 for a poem from 8 to 12 lines,
theme: "Genuine poetry can communicate before it is
understood" - T. S. Eliot. Reviewer: prof. Pushpalatha
Ramakrishnan;
CHINESE INTERNATIONAL ZHENG XIN POETRY AWARD,
Dragon Boat Festival, China, 2022.*

....

ОЧАКВАНЕ НА ПРОЛЕТ

Лицето ти изгря сияйно в мрака
и пламъци от цветове се люшнаха —
очите се избистриха и чаках

да полетим с мехурчета въздушни.

Потоци пролетни да ни измият,
тревите да ни върнат пак простора –
да лумнат озарените стихии
и багри да ни понесат нагоре.

Да влезем в други времена тогава,
предчувствията светли да се сбъднат –
един художник в мен те обожава
и всички мои двойници отвъдни.

ATUNIS GALAXY POETRY, 18 април 2022;
ЧЕРВЕНО ПЕРО, POEMarium ПОЕТИЧНО ОБЕДИНЕНИЕ,
9 000 поети, конкурс № 96 за стихотворение от 8 до 16
реда, тема: "В ОЧАКВАНЕ НА ПРОЛЕТ".

WAITING FOR SPRING

Your face glowed brightly in the darkness
and flames of colors swayed –
the eyes cleared and I waited
we to fly with air bubbles.

Streams of spring to wash us,
the grasses to give us back the space again –
to blaze the illuminated elements
and dyes to carry us upwards.

Let's go into other times then,
our bright forebodings to come true –
an artist in me adores you
and all my doubles beyond.

ATUNIS GALAXY POETRY, APRIL 18, 2022;

RED QUILL, POEMarium POETIC GROUP, 9000 members, competition № 72 for a poem from 8 to 12 lines, topic: "CROSSROADS OF LIFE".

....

ДЪРВО КРАЙ МАРИЦА

Вилнеят птиците в листака,
короната замерят с кал
и перушината си плакнат
във вировете от кобалт.

По гланца им невинно драсват
раззеленени колене
и от пастел е тази ласка -
в лиричния ми лист поне.

Филизите на естеството
намират края си златист
и дървоядите в дървото
дописват своя летопис.

Мехурчетата водолазно
бълбукат от дълбочини
и в сухи стволове се врязва
хармонията от вълни.

ЗЛАТНО ПЕРО, POEMarium ПОЕТИЧНО ОБЕДИНЕНИЕ, 9 000 поети, конкурс № 102 за стихотворение от 8 до 16 реда, тема: "Лирически лист".

TREE NEAR THE MARITSA RIVER

The birds run wild in the leaf,
are throwing mud on the crown
and their feathers are washed

in cobalt pools.

Green sprouts innocently
scratch their gloss
and from pastel is this caress -
in my lyrical leaf at least.

The shoots of nature
find their golden end.
And the wood-eaters in the tree
are writing their chronicle.

Bubbles from diving
are bubbling from the depths
and the harmony of waves
cuts into the dry tree trunks.

GOLD QUILL, Poemarium Poetry Association, competition № 102 for a poem from 8 to 16 lines, theme: "POEM — A Lyrical Leaf".

....

КАРНАВАЛ В ПЛОВДИВ

Възпявам те, мой град, огрян
от блясък южен и световен -
далеч отнесе слънчев спомен
и сърцеведът Сароян*.

Тук Златю** златен и пречистен
контрастите е обладал
и пламналият карнавал
поети ражда. И артисти.

В сияйните огледала

на четката и на перото -
са истините за живота
с Божествения им талант.

Недосегаем и познат
светът пониква сред руини.
И са достойни за Фелини***
чудаците на моя град.

> ** Уйлям Сароян – арменско-американски писател,
> драматург и автор на разкази;*
> *** Златю Бояджиев – велик български художник;*
> **** Фредерико Фелини – италиански режисьор,
> признат за един от най-великите и влиятелни
> режисьори на всички времена*

*ЗЛАТНО ПЕРО, POEMarium ПОЕТИЧНО ОБЕДИНЕНИЕ, 9
000 поети, конкурс № 105 за стихотворение от 8 до 16
реда, тема: „ИСТИНА".*

CARNIVAL IN PLOVDIV*

I sing for you, my town, illuminated
of southern and world splendor -
far carried away a sunny memory
the soul-teller Saroyan **.

Here golden and purified Zlatyu ***
possessed the contrasts.
The fiery carnival gives birth
to poets. And to artists.

The radiant mirrors
of the brush and pen -

are the truths for life
with their Divine talent.

The world untouchable and familiar
grows among the ruins.
The eccentrics of my town
are worthy of Fellini .****

> *Plovdiv, Bulgaria - one of the oldest towns in the world;*
> ***William Saroyan, Armenian-American novelist,*
> *playwright, and short story writer.*
> ****Zlatyu Boyadzhiev, great Bulgarian painter;*
> *****Federico Fellini, Italian film director, recognized as*
> *one of the greatest and most influential filmmakers of all*
> *time.*

GOLD QUILL, POEMarium POETIC GROUP, 9000 members,
competition № 105 for a poem from 8 to 16 lines, theme:
"TRUTH".

. . . .

ЦВЕТНА РОДИНА

Кристален звън от острова ме мами
и за момент притворя ли очи -
летя с велосипеда на баща ми,
главата ми над рамката стърчи.

И свидната река е съхранила
в небесносинята си глъбина
едно митично слънчево хвърчило,
дъга от цветове и светлина.

И разшифровал прежните знамения,

избистреният спомен ме зове
с върбите – ненадейно озарени,
с трептящите отвъдни светове.

Маришки аметисти ме размесват
в калейдоскопи с бъдещи звезди
и пия през тръстиките отвесни
вихрушката, която ме роди.

*ATUNIS GALAXY POETRY, 18 април 2022;
ЧЕРВЕНО ПЕРО, POEMarium ПОЕТИЧНО ОБЕДИНЕНИЕ,
9 000 поети, конкурс № 99 за стихотворение от 8 до 16
реда, тема: „ЦВЕТОВЕ НА ЖИВОТА".*

FLOWER HOMELAND

The crystal ringing from the island deceives me
and if I close my eyes for a moment -
I fly with my father's bicycle,
my head protrudes above the frame.

The eternal river has preserved
in its deep blue depths
a mythical sun kite,
rainbows and colors from light.

And deciphered the former signs,
the clear memory calls me
with willows - suddenly illuminated,
with the vibrating other worlds.

Maritsa's River amethysts mix me
into kaleidoscopes with future stars -
I drink through the vertical reeds
whirlwinds of my birth.

ATUNIS GALAXY POETRY, APRIL 18, 2022;
RED QUILL, POEMarium POETIC GROUP, 9000 members,
competition № 99 for a poem from 8 to 16 lines, theme: "
COLOURS IN LIFE".

....

ХИМН

Разпрахме царствената пелерина
на тинята със стръв -
от вулканично дъно сме, родино,
от богомилска кръв.

Морето беше с черен креп покрито
и флагът - също чер -
разбиваше се рибата в скалите
на магма и хайвер.

Миришеше на мърша и на кратер,
на спиритичен дим
и слънчевата глъч ни изненада
интимно да мълчим.

Тогава писъка на хищни птици
разнищих в твоя чест
и хор на властници и еретици
гъмжи в слуха до днес.

ATUNIS GALAXY POETRY, 18 април 2022;
ANADOLU RÜZGARI III /"АНАДОЛСКИ ВЯТЪР III",
антология, Турция, 2022;
POEMarium, конкурс № 75 за стихотворение от 8 до 16
реда, тема: „СМЕЛОСТ".

ЧЕРВЕНО ПЕРО, POEMarium ПОЕТИЧНО ОБЕДИНЕНИЕ, 9 000 поети, конкурс № 75 за стихотворение от 8 до 12 реда, тема: "Смелите".

HYMN

We tore the royal cloak
of mud and bait –
we are from a volcanic bottom, homeland,
from Bogomil blood.

The sea was covered with black crepe
and the flag – also in dark waves –
the fish smashed into the rocks
of magma and caviar.

It smelled of a carrion and a crater,
of spiritualistic smoke
and the sunrise surprised us
to be intimately silent.

Then the screams of birds of prey
I divided thread by thread in your honor
and a chorus of rulers and heretics
is crowding in my hearing to this day.

*ATUNIS GALAXY POETRY, APRIL 18, 2022;
ANADOLU RÜZGARI III / ANADOL WIND III, Turkey, 2022;
RED QUILL, POEMarium, competition № 75 for a poem from 8
to 12 lines, topic: " The brave".*

…….

ЗВЕЗДНИ РИТМИ

"Винаги бъди поет, дори и в проза!"- Шарл Бодлер

Взех си от звездния огън
съчки искрящи за мислите,
слънчева жар за плътта.

Еднообразие, сбогом.
Пътища мои космически
аеролитно блестят.

Тътнат небесните сфери
и антрацитни сияния
лумват в светлинния скок.

Въздухът лек ме намери,
думите ми - всеотдайни.
Стих! До звездите висок.

ЗЛАТНО ПЕРО, POEMarium ПОЕТИЧНО ОБЕДИНЕНИЕ, 9 000 поети, конкурс № 35 за стихотворение от 8 до 12 реда по цитат: "Винаги бъди поет, дори и в проза!" - Шарл Бодлер

STAR RHYTHMS

"Always be a poet, even in prose" — Charles Baudelaire

I took from the stellar fire
sparkling twigs for the thoughts,
solar embers for the flesh.

Uniformity, goodbye.
In my cosmic paths
aerolites are shining.

The celestial spheres are thundering
and anthracite glows
erupt in the leap of light.

The air found me light,
let my words fly away wholeheartedly.
Verses! To the high stars.

GOLD QUILL, POEMarium POETIC GROUP, 9000 members, competition № 35 for a poem from 8 to 12 lines, theme: "Always be a poet, even in prose" — Charles Baudelaire.

. . . .

ГРАДОВЕ НА АТЛАНТИ / CITIES OF ATLANTEANS

ПРЕЗ ВЕКОВЕТЕ
„Поезия е да опъвате сърдечните струни и да творите музика с тях" - Денис Габор

Струни на арфа -
в колективната памет
живее митът за Орфей.
Музика от небесните сфери
ни превъзнася.

Общият пулс на сърцата
в общност ни преобразява.
Ритъмът на песента
прониква във времето,
преоткрива стремления.

Словото превъплъщава антични герои.
Продължаваме окуражени в бъдещето.

ЗЛАТНО ПЕРО, POEMarium ПОЕТИЧНО ОБЕДИНЕНИЕ, 9 000 поети, конкурс № 37 за стихотворение от 8 до 12 реда по цитат: „Поезия е да опъвате сърдечните струни и да творите музика с тях" - Денис Габор.

THROUGH THE AGES
"Poetry is plucking at the heart strings, and making music with them" - Dennis Gabor

Strings of harp –
the myth of Orpheus
lives in collective memory.
Music from celestial spheres

exalts us.

The total pulse of the hearts
transforms us into a community.
The rhythm of the song
penetrates time,
rediscovers our ideals.

The verses re-embody ancient heroes.
We continue to be encouraged in the future.

GOLD QUILL, POEMarium POETIC GROUP, 9000 members, competition № 37 for a poem from 8 to 12 lines, theme: : "Poetry is plucking at the heart strings, and making music with them" - Dennis Gabor.

....

ИНТУИЦИИ

"Поезията е неочакван изказ на душата" — Марк Непо

Приветствам ви, реалии магически,
тунел на сънища и на любови –
припламващият изход ме привлича
във въздуха с Божественото слово.

Навярно има тайнствена причина
с ваятеля на ветрове и форми
по моста на душата да премина,
антични стихове да ме възторгват.

Летящите възвишени създания
на бъдещето сякаш в мен надзъртат

и ме изопват крайни състояния
да чуя всички рождества и смърти.

*ЗЛАТНО ПЕРО, POEMarium ПОЕТИЧНО ОБЕДИНЕНИЕ, 9
000 поети, конкурс № 36 за стихотворение от 8 до 12 реда
по цитат: "Поезията е неочакван изказ на душата." — Марк
Непо.*

INTUITIONS

"Poetry is the unexpected utterance of the soul"- Mark Nepo

I greet you, magical realities,
tunnel of dreams and love -
the flaming exit attracts me
in the air with divine words.

Certainly there is a mysterious reason
with the sculptor of winds and forms
 to cross the bridge of my soul,
 ancient verses to delight me.

Flying sublime creatures
from future seem to stare at me
and I am stretched to extremes
from previous births and deaths.

*GOLD QUILL, POEMarium POETIC GROUP, 9000 members,
competition № 36 for a poem from 8 to 12 lines, theme: "Poetry
is the unexpected utterance of the soul."- Mark Nepo.*

. . . .

ПО БРЕГОВЕТЕ НА ТРАКИЯ

*"Поезията е обожествяване на реалността" - Едит Луиза
Ситуел*

Слушам гласа на прибоя,
вдишвам соления въздух
и съм в хармония с всичко
в морския бриз възкресено.

Следвам рунически символи
по бреговете на Тракия -
телепатично ме свързват
с обожествени стихии.

Междупланетните сили,
звездния пулс на вселената -
Божия дъх преоткривам
във всяко стръкче зелено.

*ЗЛАТНО ПЕРО, POEMarium ПОЕТИЧНО ОБЕДИНЕНИЕ, 9
000 поети, конкурс № 32 за стихотворение от 8 до 12 реда,
по цитат: "Поезията е обожествяване на реалността". -
Едит Луиза Ситуел.*

ON THE COASTS OF THRACIA

"Poetry is the deification of reality" - Edith Louisa Sitwell

I listen to the voice of the surf,
I inhale the salty air
and I am in harmony with everything
resurrected in the sea breeze.

I follow runic symbols
on the shores of Thrace -
they telepathically connect me
with divine elements.

Interplanetary forces,
the stellar pulse of the universe -
I rediscover God's breath
in every green stalk.

GOLD QUILL, POEMarium POETIC GROUP, 9000 members,
competition № 32 for a poem from 8 to 12 lines, by quote:
"Poetry is the deification of reality" - Edith Louisa Sitwell.

....

ПЪТУВАНЕ КЪМ ЛЮБОВТА

Светла седмица.
Цъфнали вишни
ни благославят
с пролетни тайнства.

Слънчев лифт
ни прехвърля над облаци
в път към безкрая.
Пътешествие към любовта
ни завърта
в щастлива галактика.

Градове на атланти
преоткривам върху Луната.

Космическо сливане

в лумнали багри
възвисява съня ни.
В следващ кръг на спиралата.

Просветление.

ПОЕТ на втората половина на м. февруари 2022, Поетично обединение POEMarium, конкурс № 98 за стихотворение от 8 до 16 реда, тема: "ПЪТУВАНЕ НА ЛЮБОВТА", Рецензия от поета Бала;
WORLD POETRY TREE /СВЕТОВНО ПОЕТИЧНО ДЪРВО, антология за надежда, любов и мир, Expo - Dubai 2020 Edition /Дубай – 2022;
Участие в 1-вия Филипински международен поетичен фестивал на китайската пролетна поезия „Гала Фест", 2022.

JOURNEY OF LOVE

Bright Week.
Blooming cherries
are blessing us
with spring sacraments.

A sunny lift transfers us
above the clouds
in the way to infinity.
The journey of love turns us
in a happy galaxy.

I rediscover on the moon
cities of atlanteans.

Cosmic fusion

in bright colors
elevates our sleep.
In the next round of the spiral.

Enlightenment.

*POETS OF THE FORTNIGHT 15.12.2021, POEMarium
POETIC GROUP, 9000 members, competition № 93 for a poem
from 8 to 16 lines, theme: " JOURNEY OF LOVE". Review by the
Poet Bala;
WORLD POETRY TREE, Anthology for Hope, Love and Peace,
Expo - Dubai 2020, Edition 2022;
Participation in the 1st Philippines Venue of the Chinese Poetry
Spring Festival Gala, 2022.*

. . . .

МИСИЯ

*„Поезията е майчиният език на човешката раса” - Йохан
Георг Хаман*

Поезия мълниеносна
разпали вдъхновена свяст
и звезден порив ни докосна
в интимен час.

Сакрален знак. Първопричина.
Небесен смисъл осъзнат –
висока чаша ни отмина
в античен свят.

И ерата на водолея
прегръща слънчевия свод –
възвишени да оцелеем

със свят живот.

ЗЛАТНО ПЕРО, POEMarium ПОЕТИЧНО ОБЕДИНЕНИЕ, 9 000 поети, конкурс № 30 за стихотворение от 8 до 12 реда по цитат: „Поезията е майчиният език на човешката раса" - Johan Georg Hamann.

MISSION

"Poetry is the mother-tongue of the human race" - Johan Georg Hamann

Lightning poetry
ignited an inspired consciousness
and a stellar impulse touched us
in an intimate hour.

A sacral sign. The root cause.
Heavenly meaning realized -
a tall glass passed us by
in the ancient world.

And the age of Aquarius
embraces the solar vault -
we exalt to survive
with holy life.

GOLD QUILL, POEMarium POETIC GROUP, 9000 members, competition № 30 for a poem from 8 to 12 lines, theme by quote: "Poetry is the mother-tongue of the human race" - Johan Georg Hamann.

. . . .

ПРЕСЪТВОРЕНИЕ

Възпламенявай вкаменелостите, обич.
Небесен пристъп. Меланхолийо неземна.
Разруха тегне в гърчовете безподобни.
Във всякоя искра от бликналото време.

Сега съм само пепел. Пришълец замаян.
Проблясък в анатомия непримирима.
Влече ме бездната, отвъд да разузная
враждебната вселена, с нищо несравнима.

Заселих я в мита. Над власт. И над държава.
Недосегаема. Нетленна. Неизменна.
Перото вдъхновено безспирно пресъздава
голямото житейско приключение.

*ЧЕРВЕНО ПЕРО, POEMarium ПОЕТИЧНО ОБЕДИНЕНИЕ,
9 000 поети, конкурс № 94 за стихотворение от 8 до 16
реда, тема: „Перото някога и сега“.*

RE-CREATION

Illuminate the fossils, love.
Heavenly attack. Melancholy is unearthly.
Destruction weighs on the incomparable convulsions.
In every spark of gushing time.

I'm just ashes now. Stranger alien.
A flash in the irreconcilable anatomy .
I'm drawn to the abyss, beyond research
in the hostile incomparable universe.

I entered it into the myth. Above authority.

And over a state.
Untouchable. Imperishable. Unchanged.
The inspired pen non-stop recreates
the great adventure of a lifetime.

RED QUILL, POEMarium POETIC GROUP, 9000 members, competition № 94 for a poem from 8 to 16 lines, theme: "Pen then and now".

....

ОТКРОВЕНИЯ

„Поезията - ясният израз на смесени чувства“ - W H Auden

Кълбят се облаци – подбуждат
експлозии от светлини –
враждата вече ми е чужда
и слънчев блян ме осени.

И образите ме взривяват
по Млечния безбрежен път –
полита феникс над жарава,
хилядолетия искрят.

Примамливи лагуни лумват,
лазур отвсякъде вали
и приливът поглъща шумно
гигантски късове скали.

ЧЕРВЕНО ПЕРО, POEMarium ПОЕТИЧНО ОБЕДИНЕНИЕ, 9 000 поети, конкурс № 24 за стихотворение по цитат: „Поезията - ясният израз на смесени чувства“ - W H Auden, от 8 до 12 реда.

REVELATIONS

"Poetry - the clear expression of mixed feelings" - W H Auden

The clouds are rolling in orbs
and inciteexplosions from lights -
the enmity is already foreign to me
and a sunny reverie illuminated me.

And the images blow me up
on the boundless Milky Way -
a phoenix flies over embers,
millennia sparkle.

Alluring lagoons erupt,
azure is raining from everywhere
and the tide swallows noisily
giant debris of rock.

*RED QUILL, POEMarium POETIC GROUP, 9000 members,
Quote Poem: 24 motif: "Poetry - the clear expression of mixed
feelings" - W H Auden, for a poem of minimum 8 lines and
maximum 12 lines.*

....

ПРИБОЙ

Трептящата ми същност предусети
ковачницата на света къде е.
Хвърчат искри. Изгарят ме комети.
Илюзия среднощна ме владее.

Субстанция! Неистова. И жива.

Сърцевина. Съзнание. Галактика.
И океанът в мислите прелива.
От Антарктида. Към далечна Арктика.

Откъсвам се. Разплисквам се. Изригвам.
На Словото принадлежа изцяло.
И се възвръщам. Вечен. Приповдигнат.
С просветнали от обич дух и тяло.

WORLD POETRY TREE, Anthology for Hope, Love and Peace, Expo - Dubai 2020, Edition 2022;
СИНЬО ПЕРО, Поетично обединение POEMarium, 9 00 поети, конкурс № 28 за стихотворение от 8 до 12 реда по цитат: „Вдишайте опит, издишайте поезия" - Muriel Rukeyser.

SURF

My trembling essence forebode
the smithy of the world where is.
Sparks fly. Comets burned me.
The midnight illusion rules me.

Substance! Spectacular. Alive.
Core. Consciousness. Galaxy.
And the ocean in my mind overflows.
From Antarctica to distant Arctic.

I'm breaking away. I'm splashing. I erupt.
I belong entirely of the yearning.
And I come back. Eternal. Uplifted.
With an enlightened spirit and body of love.

WORLD POETRY TREE /СВЕТОВНО ПОЕТИЧНО ДЪРВО,

Anthology for Hope, Love and Peace /антология за надежда, любов и мир, Expo - Dubai 2020 Edition /Дубай - Експо 2020; BLUE QUILL, POEMarium POETIC GROUP, 9000 members, competition № 28 for a poem from 8 to 12 lines with a quote: "Breathe in experience, breathe out poetry"- Muriel Rukeyser.

....

БЛАГОСЛОВ ЗА БИРЛАНД

Срещнах поети с велика мечта,
съпоставима с библейските притчи –
пясък от Африка в мен заблестя
с нилския бриз от Судан към Египет.

22- ри горещ паралел
през долината отвъд се простира –
за туарегите книги съм чел
и за атланти, спасени в пустинята.

Древното знание да претворят
с Божия промисъл – в мир и хармония.
Благословен да е Вашият път,
палми, поникнали на хоризонта.

ANTOLOGIA "POESIA POR BIRLAND" /anthology POETRY BY BIRLAND / антология „ПОЕЗИЯ ЗА БИРЛАНД", Poetas Intergalactikus, 2022.

BlESSINGS FOR BIRLAND

I met poets with big dreams,
comparable to biblical parables –
sand from Africa shone in me
with the Nile breeze from Sudan to Egypt.

The 22nd hot parallel
across the valley beyond extends —
I have read books about the Tuaregs
and for Atlanteans rescued in the desert.

With God's providence - in peace and harmony
to be transformed ancient knowledge.
Blessed be your journey,
palm trees, sprouted on the horizon.

*ANTOLOGIA "POESIA POR BIRLAND" /anthology POETRY
BY BIRLAND, Poetas Intergalactikus, 2022.*

. . . .

МЕДИТАЦИИ / MEDITATIONS

ПАТРИАРХАЛЕН СИНДРОМ

Прекомерна, бърза смърт –
високосната година
жънеше с ръждясал сърп,
моя корен не подмина.

И в небесните поля
той завинаги остана –
векове снегът валя
върху зейналата рана.

А земята, все така
се въртеше, с нас безспорно,
и с космическа тъга
трябваше да бъдем хора.

И библейските кози
с топло тънкоструйно мляко
проясниха зодиака.
В оня свят неотразим.

INTERNATIONAL FAMILY POETRY ANTHOLOGY: Uplifting Humanity With Inspirational Verses! / МЕЖДУНАРОДНА СЕМЕЙНА ПОЕТИЧНА АНТОЛОГИЯ: Възвисяване на човечеството с вдъхновени стихове!, by Joseph S. Spence, Sr., Clever Fox Publishing, 2022.

PATRIARCHAL SYNDROME

Excessive, rapid death -
The leap year
It reaped with a rusty sickle,
My root didn't miss.

And in the heavenly fields
It stayed forever -
For centuries the snow has been falling
On the gaping wound.

And the earth, still
Revolved, with us unquestionably,
And with cosmic sadness
We had to be human.

And the biblical goats
With warm thin-jet milk
Clarified the zodiac.
In that irresistible world.

INTERNATIONAL FAMILY POETRY ANTHOLOGY: Uplifting Humanity With Inspirational Verses!, by Joseph S. Spence, Sr., Clever Fox Publishing, 2022.

....

ИНТРОДУКЦИИ

Златни облаци
В миг на медитация
Политат птици
Утринни предвестници
С пъстри песнопения

THE FORTH ANTHOLOGY OF WORLD GOGYOSHI /
„ Четвъртата антология на световното гогьоши”,
Филипини, 2022, съставител Таро Аизу, Япония. Тема:
„Любовта към природата”.

INTRODUCTION

Golden clouds
In a moment of meditation
Birds fly away
Morning harbingers
With colorful chants

THE FOURTH ANTHOLOGY OF WORLD GOGYOSHI,
Philippines, 2022, completer - Tarot Aizu from Japan. The theme
is: "love to nature".

. . . . . .
ОТВЪД

Помня срещите къси
на обич и свян –
обгори ме с дъха си,
от здрач разлюлян.

Помня профила южен
сред зимен ескиз –
беше скъп, беше нужен
на моя каприз.

Помня сякаш – немее
гласът ти познат
между хипербореи,
в друг свят.

ЧЕРВЕНО ПЕРО, POEMarium ПОЕТИЧНО ОБЕДИНЕНИЕ, 9 000 поети, конкурс № 72 за стихотворение от 8 до 12 реда, тема: „КРЪСТОПЪТ НА ЖИВОТА".

CROSSROADS of LIFE

I remember the meetings short
of love and innocence -
you scorched me with your breath
in the sway twilight.

I remember your south profile
among winter sketch -
your beauty was irresistible,
a perfectly God's creation.

I remember as if - in the cold north
how your wonderful voice was changing
among hyperborean landscapes,
in another world.

RED QUILL, POEMarium POETIC ASSOCIATION, 9,000 members, contest № 72 for a poem of 8 to 12 lines, theme: "CROSSROADS OF LIFE".

....

ЗИМНА ФАНТАЗИЯ

Лицата ни къде са -
студът ни предреши -
звучеше снежна меса
в безчислени уши.

И белота пространна
се възцари. И чух
прочувствени послания
до моя пламнал дух.

Хармония и болка
в акордите съзрях -
как виеха и молеха
вихрушки леден прах.

И виждах как прехвръкват
през преспите искри -
и въздухът бе църква
за бурята дори.

*ПОЕТ ЗА ПЪРВАТА ПОЛОВИНА НА ДЕКЕМВРИ 2021,
POEMarium ПОЕТИЧНО ОБЕДИНЕНИЕ, 9 000 поети,
конкурс № 93 за стихотворение от 8 до 16 реда, тема:
"ФАНТАЗИЯ". Рецензия от Kajari Guha.*

WINTER FANCY

Where are our faces -
the cold predetermined us -
a snowy music sounded
in countless ears.

And spacious whiteness was reigned.
And I heard sublime messages
to my radiant spirit.

I found harmony
and pain in the chords -

swirls of ice dust
were howling and praying.

And I saw sparks flying
through the snowdrifts.
The air was a temple
even for the storm.

*POET OF THE FORTNIGHT 15.12.2021, POEMarium POETIC
GROUP, 9000 members, competition № 93 for a poem from 8 to
16 lines, theme: "FANCY". Review by Kajari Guha.*

....

☐
снежна вихрушка
на околовръстното
шопи със сопи
улавят снежинките
изпълнили въздуха

Micropoetry Cosmos, Индия

☐
snow whirlwind
of the ring road
local residents with sticks
are catching snowflakes
fulfilled the air!

Micropoems on Winter, 2022, India

....

ПРЕДПРОЛЕТНИ СЪСТОЯНИЯ
„Ако дойде зимата, може ли пролетта ...?" П. Б. Шели

Попречих глутниците нощни
виделината да разкъсат
и гневни пламъци в съня си
разпалвам призрачно все още.

Внезапни ветрове в ушите
подбуждат бъдни стълкновения –
бушуват с нокти настървени
пернати, в темето забити.

Към яростна саморазправа
стихии зимни ме подтикват.
И с най-пленителна усмивка
напролет слънцето изгрява.

*ЗЛАТНО ПЕРО, Поетично обединение POEMarium, 9 000
поети от различни страни, конкурс № 41 за стихотворение
от 8 до 12 реда по цитат: „Ако дойде зимата, може ли
пролетта ...?" П. Б. Шели*

PRE-SPRING CONDITIONS
" If winter comes ,can spring.... ?" - P.B Shelley

I prevented the night wolf packs
to tear apart the light
and I kindle ghostly still
angry flames in my sleep.

Sudden winds in the ears
provoke future clashes -
wild fowls rage with acrimonious nails,
driven into the scalp.

Winter elements push me
to fierce self-mutilation.
And with the most captivating smile
the spring sun rises.

*GOLD QUILL, Poemarium Poetry Association, 9 000 poets from
different countries, competition № 41 for a poem from 8 to 12
lines, by quote: " If winter comes ,can spring.... ?" - P.B Shelley*

....

СВЯТ НА СЪНИЩА, СВЯТ НА МЕЧТИ

Стигам далечната тъмна страна на луната.
Чувам вика на вселени, големия взрив.
С ритуал на привличане
и на сбъдване на желания
сея семена върху лунната почва.
Стъбла на памук - първи растения
в моята медитация -
над нивото на другия свят,
в извънземна среда.
В своя импулс за пробуждане и израстване
слушам небесните удари на пулсарите,
сблъсъка на неутронни звезди,
плазмени струи по-бързи от светлината,
по-големи и от планети.
Виждам бъдещи избуяли плантации
в необятния космос.

*ЗЛАТНО ПЕРО, POEMarium ПОЕТИЧНО ОБЕДИНЕНИЕ, 9
000 поети, конкурс № 92 за стихотворение от 8 до 16 реда,
тема: "УСИЛНА ЛУНА".*

WORLD OF DREAMS

I reach the far dark side of the moon.
I hear shouts of universes, the big bang.
With a ritual of attraction
and the fulfillment of desires
I sow seeds on the lunar soil.
Cotton stems are the first plants
in my meditation -
on the surface of another world,
in an alien environment.
In my impulse for awaken and grow
I hear the celestial beats of the pulsars,
the collision of neutron stars,
plasma spheres faster than light,
as big as planets.
I see future flourished plantations
into the vastness of cosmos.

*GOLD QUILL, POEMarium POETIC GROUP, 9000 members,
competition № 92 for a poem from 8 to 16 lines, theme: "MOON-
LABOURS".*

....

ПОЕТИЯТ ПЪТ

Галеони, галери, фрегати
отвъд са отплавали
и делят с океанското дъно
отминала слава.

Съзерцавах стремглавия път,
височайшия, птичия полет -

със сезоните да отлетят,
да се върнат по Божия воля.

Бели щъркели, жерави, корморани,
във великото си преселение в края на август,
къдроглави и розови пеликани -
от Европа към Африка.

Към заветните топли страни
ни пренасят ятата с гигантския порив -
да се върнат отново напролет
в брегове олеандрови, лаврови.

*СПЕЦИАЛНА ДИАДЕМА по случай празника Vijaydashmi,
POEMarium ПОЕТИЧНО ОБЕДИНЕНИЕ, 9 000 поети,
конкурс № 89 за стихотворение от 8 до 16 реда, тема:
"ПОЕТИЯТ ПЪТ".*

THE ROAD TAKEN

Galleons, galleys, frigates
have been sailed beyond.
And shared past glory
with the ocean floor.

I contemplated the seasonal road of birds
and their celestial trajectory -
how they fly away according the seasons,
how they return by God's will.

White storks, cranes, cormorants,
in their great migration at the end of August,
Dalmatians pelicans, pink pelicans -
from Europe to Africa.

A gigantic rush of bird flocks
to the cherished warm countries -
will inspire us their returning in spring
to shores with oleander and laurel.

*SPECIAL DIADEM on the Occasion on Vijaydashmi, the Poetic
Association POEMarium,
9 000 members, competition № 89 for a poem from 8 to 16 lines,
theme: "THE ROAD TAKEN".*

. . . .

АУРА НА ЕСЕНТА

Червените листа на клена
и жълтите върху платаните -
в зеления ти поглед грейнали
с най-лъчезарните сияния.

Великолепна златна есен –
вихрушката ни завъртя
и стъпките отронват кестени
след двадесет и пет лета.

През паралелните вселени
и с порива към светла аура –
със стиховете си нетленни
Петрарка възкресил бе Лаура.

С венци от дъб и от маслина
посланията на доброто
прославят мъдростта, преминала
по пътищата на живота.

ANTHOLOGIE EPHEMERIDE: feuilles detachees / Антология „Ефемериди”: волни листа", Франция, 2022;
ЧЕРВЕНО ПЕРО, POEMarium ПОЕТИЧНО ОБЕДИНЕНИЕ, 9 000 поети, конкурс № 88 за стихотворение от 8 до 16 реда, тема: " АУРА НА ЕСЕНТА".

AURA OF AUTUMN

The red leaves of the maple
and yellow on plane trees –
they shone in your green gaze
with the brightest radiance.

Magnificent golden autumn -
the whirlwind spun us
our steps knock down chestnuts
after twenty-five summers.

Through parallel universes
and with the urge for bright aura -
with his imperishable verses
Petrarch had resurrected Laura.

With wreaths of oak and olive
the greatest messages of good
they glorify the wisdom that has passed
on the paths of life.

ANTHOLOGIE EPHEMERIDE: feuilles detachees /
ANTHOLOGY EPHEMERIS: LOOSE LEAVES, France, 2022;
RED QUILL, POEMarium POETIC GROUP, 9000 members,
competition № 88 for a poem from 8 to 16 lines, theme: "AURA of
AUTUMN".

…….

ПРЕОБРАЖЕНИЯ

*„Стихотворението никога не е завършено, само
изоставено.“ - Пол Валери*

Кристални планини от сол
над мен искрят -
прибоят ме изхвърля гол
отвъд.

Лирическата синева
пламти отвред
и с вдъхновени сетива
съм пак поет.

Проблясва да ни озари
лъчист поток
и да ни върне по-добри
при Бог.

*ЧЕРВЕНО ПЕРО, POEMarium ПОЕТИЧНО ОБЕДИНЕНИЕ,
9 000 поети, конкурс № 31 за стихотворение от 8 до 12
реда, по цитат: „Стихотворението никога не е завършено,
само изоставено.“ - Пол Валери.*

TRANSFORMATIONS

“A poem is never finished, Only Abandoned.’’ - Paul Valery

Crystal mountains of salt
sparkle above me -
the surf throws me naked
beyond.

The lyrical heavens
blaze from everywhere,
and with inspired senses
I am a poet again.

A radiant stream flashes
to illuminate us
and bring us back better
to God.

RED QUILL, POEMarium POETIC GROUP, 9000 members, competition № 31 for a poem from 8 to 12 lines, by quote: "A poem is never finished, Only Abandoned." - Paul Valery.
....

АМБИЦИЯ

От бриза в мен нахлуват странни мисли
и се опитвам сам да осъзная
как формите разпенени и бистри
ни изкушават пламенно в безкрая.

Каква е силата, която тегли
човека в орницата на водите -
виденията вкупом бдят над него
на пясъчния бряг да не притихне.

И сребърният нож на хоризонта
гравира митовете ни безсмъртни -
амбицията наша неотклонно
в отвъдните земи да ни прехвърли.

ЧЕРВЕНО ПЕРО, POEMarium ПОЕТИЧНО ОБЕДИНЕНИЕ, 9 000 поети, конкурс № 82 за стихотворение от 8 до 16 реда, тема: „АМБИЦИЯ".

AMBITION

Strange thoughts invade in me from breeze
and I'm trying to realize for myself
how the foamy and clear forms tempt us
fervently in infinity.

What is the force that pulls
the man in the plow of the waves -
the visions watch together over him
not to be calm on the sandy shore.

And the silver knife on the horizon
engraves our immortal myths -
our ambition unshakable
in the afterlife to transfer us.

*RED QUILL, POEMarium POETIC GROUP, 9000 members,
competition № 82 for a poem from 8 to 16 lines, theme:
"AMBITION".*

. . . .

ПРЕВЪЗХОДСТВО НА МИРА НАД ВОЙНАТА

Интимно влязох в кръговрата
на раждането и смъртта -
от волята неосъзната
до промислите на плътта.

И инстинктивно оцелявам
в часовниковата душа -
чудовищната й направа
ме кара да я разруша.

Но в погледа ми се разпръсва
вълната, гневно придошла,
и спусъкът се гали в пръста
над пърхащите ни тела.

*„ГЛОБАЛНА НАГРАДА МИРОТВОРЕЦ" от CORRIENTE
UNIVERSAL DE LA PALABRA Y DE LAS ARTES, ERA DEL
ANTROPOCENO "CUPAEA"/ УНИВЕРСАЛНО ДВИЖЕНИЕ
НА СЛОВОТО И ИЗКУСТВАТА, ЕРАТА НА АНТРОПОЦЕНА
„CUPAEA", Еквадор, Колумбия, Аржентина, Пуерто Рико,
Ел Салвадор;*

*ЧЕРВЕНО ПЕРО, POEMarium ПОЕТИЧНО ОБЕДИНЕНИЕ,
9 000 поети, конкурс № 95 за стихотворение от 8 до 16
реда, тема: „МИР".*

SUPERIORITY OF PEACE OVER WAR

I entered intimately in the circle
of birth and death -
by the unconscious will
to providence over the flesh.

And I instinctively survive
in the clock soul -
its monstrous making
makes me destroy it.

The wave came angrily,
it scattered in my eyes.
And the trigger caresses the finger
over our fluttering bodies.

....

ОЗАРЕНИЕ

„Лунатикът, любовникът и поетът са въплътено въображение" - Шекспир

На чий ли бряг останаха да шестват
жените с къдри от магнезий –
и днес проблясват чувствени вълшебства,
ала не са като онези.

Пречупваха се твърдите представи
в ръба на пътния ни куфар –
поетът в мене още се съмнява
действително ли не сънувах.

Антично непресторени и голи –
възнасяхме се над телата,
но кой ли в унеса ни сепна, кой ли
в сегашно време ни препрати…

ILLUMINATION

"The lunatic, the lover and the poet, are of imagination all compact" - Shakespeare

On which shore did the procession remain
of women with magnesium curls -
even today sensual miracles flash,
but they aren't like the previous.

Hard ideas were broken
at the edge of our travel suitcase -
the poet in me still doubts.
Didn't I really dream?

We ascended above the bodies,
intimately, unpretentious and naked.
Who in our trance startled us,
who send us at the present moment?

BLUE QUILL, POEMarium POETIC GROUP, 9000 members, Quote Poem 27 for a poem from 8 to 12 lines, "The lunatic, the lover and the poet, are of imagination all compact" - Shakespeare.

. . . .

ЛЮБОВ В СЕЗОН НА ДЪЖДОВЕ

Приветствахме пороя – чуваш ли,
вали и в нашите души –
виденията са отплували
край тоя бряг неутешим.

Непоносима меланхолия

струи от пръснатия свод -
пробуденото мъжество
отнесе тинята отколешна.

Тъй мощно, свидна на сърцето ми,
не ме разтърси никой друг
и ето ни – летим просветнали.
С безброй лица. Далеч оттук.

*СИНЬО ПЕРО, POEMarium ПОЕТИЧНО ОБЕДИНЕНИЕ, 9
000 поети, конкурс № 73 за стихотворение от 8 до 16 реда,
тема: „ТИЙНЕЙДЖЪРСКА ЛЮБОВ".*

LOVE IN THE RAIN SEASON

We welcomed the torrent - do you hear me,
it's raining in our souls too -
the visions have sailed away
along this shore inconsolable.

Unbearable melancholy
jets from the scattered vault -
the old mud had carried away
my awakened manhood.

So powerful, dear to my heart,
no one else shook me
and here we are - we fly enlightened.
With countless faces. Far from here.

*BLUE QUILL, POEMarium POETIC GROUP, 9000 members,
competition № 73 for a poem from 8 to 12 lines, topic:
"TEENAGE LOVE ".*

....

***
Бих искал
да възкресенем
в този град -
отново да си руса,
аз - брадат.
Владеехме космополитно
всички говори
на любовта.

*ЗЛАТНА ЗВЕЗДА за изключителен принос, Literature Lovers'
Association, 7 600 поети, специален конкурс за празника
Valentine's Day, стихотворение до 24 думи.*

***

I would like
we to be resurrected
in this city -
you to be blond again,
I - bearded.
We talked cosmopolitan
all languages of love.

*GOLD STARE for outstanding contribution, Literature Lovers'
Association, 7 600 authors from around the world, a special
competition for Valentine's Day for a poem of up to 24 words.*

....

ФОРМА ОТ ПЯСЪК

Преоткрват вълните през наноси детските линии.
И не стигат ни свяст, нито дъх само теб да обичаме.
На солта светлината е в древната твоя усмивка.
Ненадейно вселенско око на надеждата в синьо.

*СИНЬО ПЕРО, POEMarium ПОЕТИЧНО ОБЕДИНЕНИЕ, 9
000 поети, конкурс № 70 за четиристишие на английски
език – римувано и ритмувано, тема: „Син ден.“ (Цветът на
надеждата е син). Условията се отнасят за английската
версия.*

SHAPE OF SAND

The surf clears sediment children's lines.
Consciousness and breath aren't enough we to love only you.
The light of salt is in your ancient smile.
Sudden eye in the Universe - our hope is blue.

*BLUE QUILL, POEMarium POETIC GROUP, 9000 members,
POETIC PARLEY competition № 70 for quatrain in English -
rhyming and rhythmic, theme: "Blue day." (Blue is the Color of
Hope).*

....

ПЛАСТИКА ОТ ДУМИ

Разпали в мен момчешкото въображение -
античен вик прониза младата ми същност.
И бяла блузка в дънкова пола ми се усмихва
все по-отчуждено.

Приличахме на статуи от бронз
и мрамор с руж -
преди да ни преобрази
мъглата в паметта.

Думи в стиха възкресяват нашите чувства.

*ЗЛАТНО ПЕРО, POEMarium ПОЕТИЧНО ОБЕДИНЕНИЕ, 9
000 поети, конкурс № 69 за стихотворение от 8 до 16 реда,
тема: „Думи чудотворци.“*

SCULPTURE FROM WORDS

You ignited the imagination of the boy I was -
ancient cry pierced the essence of my youth.
A white blouse in a denim skirt smiles me
more and more alienated.
We resembled statues of bronze
and marble with blush -
before we become
fog into memory.

The words in the verse resurrect our feelings.

*GOLDEN QUILL, POEMarium POETIC GROUP, 9000
members, competition № 69 for a poem from 8 to 16 lines, theme:
"WORDS as WIZARDS".*

....

ТАЙНСТВА

„Поезията е нещо като завръщане у дома" - Пол Селан

Беше ни свидетел само Бог,
прояснил парче небесно –
люшна се прозорецът висок,
над руините проблесна.

И в здрачевината разпознах
вдъхновените ни форми –
беше светлина, не беше грях,
и ни причести повторно.

Триумфирахме от кръв и плът
в бездните над Филипопол –
стиховете нека ни простят
общите антични вопли.

*ЧЕРВЕНО ПЕРО, POEMarium ПОЕТИЧНО ОБЕДИНЕНИЕ,
9 000 поети, конкурс № 40 за стихотворение от 8 до 12
реда, по цитат: „Поезията е нещо като завръщане у дома"
- Paul Celan.*

SACRAMENTS

Only God was our witness,
clarified a piece of the sky -
the window swayed high,
flashed over the ruins.

And in the twilight I recognized
our inspired forms -
it was light, it was not sin
and we received Holy Communion again.

We triumphed from blood and flesh
over abysses of Philippopolis* –
let the verses forgive us
this general ancient perception.

* one of the oldest towns in Europe and the world, with today's
name Plovdiv, Bulgaria

*RED QUILL, POEMarium POETIC GROUP, 9000 members,
competition № 40 for a poem from 8 to 12 lines, by quote:
"Poetry is a sort of homecoming" - Paul Celan.*

....
СЪВЪРШЕНСТВО ОТ ДУМИ

Да отплувам - така съм осъден
и стихии в ушите да треснат
и планетният жител да бъде
инструмент във вселенски оркестър.

Кръгозора ми стъклен и бляскав
ураганният гонг да разбие -
да смете градовете от пясък
и скалистите камбанарии.

И съм бронзов, ефирен и лъскав,
с извисен поетически облик -
и ръцете, изпъстрени с пръски,
сякаш казват на чайките сбогом.

И ги виждам развихрени, свити
как по стръмни дисканти се спущат
в ораторията на вълните

върху струна от бившата суша.

*ЧЕРВЕНО ПЕРО, POEMarium ПОЕТИЧНО ОБЕДИНЕНИЕ,
9 000 поети, конкурс № 104 за стихотворение от 8 до 16
реда, тема: „Поетизиране".*

PERFECTION FROM WORDS

To sail away - that's how I'm doomed
in my ears the elements to crack
and the planetary inhabitant to be
instrument in a universal orchestra.

The gong of the hurricane to break
my glassy and glamorous horizon -
to sweep the cities of sand
and the rocky bell towers.

And I'm bronze, ethereal and shiny
with elevated poetic image -
and the hands streaked with splashes,
as if they say goodbye to the seagulls.

And I see them swirling, curled up
how they descend on steep treble
in the oratorio of the waves
on a string from the former drought .

*RED QUILL, POEMarium POETIC GROUP, 9000 members,
competition № 104 for a poem from 8 to 16 lines, theme:
"PoetisinG".*

…….

ИЗБАВЛЕНИЯ

Търкулнах лунния овал
над бездната раззината –
дървета, камъни и кал
изтръгваше лавината.

Подхвърляха ме без предлог
емоции отприщени
и чувах тътена дълбок
на сливането с нищото.

Избълваше ме сляпа страст
и корени ме бесеха
до оня мой съдбовен час
на ледено възмездие.

*ЗЛАТНО ПЕРО, Поетично обединение POEMarium, 9 000
поети от различни страни, конкурс № 107 за стихотворение
от 8 до 16 реда, тема: „ЕМОЦИИ".*

DELIVERANCES

I rolled the lunar oval
over the dissolved chasm –
trees, stones and mud
were torn away by the avalanche.

Unleashed emotions
rushed at me without pretext
and I heard the deep rumble
of merging with nothingness.

I was filled with blind passion
and roots started to hang me

until my fateful hour
of icy retribution.

*GOLD QUILL, Poemarium Poetry Association, 9 000 poets from
different countries, competition № 107 for a poem from 8 to 16
lines, theme: " EMOTIONS".*

....

ОГЛЕДАЛА ВЪВ ВЕЧНОСТТА
*"Поезията е огледало, разкрасило онова, което е изкривено."
- П. Б. Шели*

През процепа на пръстите със слънцето флиртувам –
небесни ласки пламват в утрото без край.

Опиянения ефирни, умножени просветления
грейват върху лоба засиял.
Изтекъл съм в огледалата на епохите
с проблеснал хелиоцентризъм.

Плисват първоизворите ми прабългарски
към оня мой върховен Бог на свободата.
Искрят първични и тотемни възгласи
в звънтежа на отминали династии:
Мин Онгъл Тан Феб.

Във вековете са античните ми въплъщения.

*ЧЕРВЕНО ПЕРО, Поетично обединение POEMarium, 9 000
поети от различни страни, конкурс № 41 за стихотворение
от 8 до 12 реда по цитат: "Поезията е огледало, разкрасило
онова, което е изкривено." - П. Б. Шели.*

MIRRORS IN ETERNITY

*"Poetry is a mirror which makes beautiful that which is
distorted." - P. B. Shelley*

I flirt with the sun through my fingers.
Heavenly caresses blaze in the morning without end.

Ethereal exaltations, multiplied enlightenments
shine on the radiant lobe.
I'm leaking in the mirrors of epochs
with a flash of heliocentrism.

My proto-Bulgarian sources splash light
towards my supreme God of freedom.
Primary and totemic exclamations sparkle
in the ringing of past dynasties:
Min Ongal Tan Feb.
My ancient incarnations are in the centuries!

*RED QUILL, Poemarium Poetry Association, 9 000 poets from
different countries, competition № 41 for a poem from 8 to 12
lines, by quote: "Poetry is a mirror which makes beautiful that
which is distorted." - P. B. Shelley.*

. . . .

ЗАВЕТНА РЕКА

Мой е заветният бряг на Марица,
мои са тъмните водни селения –
там съм завинаги струна и рицар
на едно безподобно кресчендо.

Там любовта не познава компромиса
и ненадейни дъна ме обземат –
литват в отвъдното сенки огромни
и заглъхвам в тревисто безвремие.

Синьо стъкло ме пронизва несвойствено
плясък и писък от плазма да треснат –
звъннали пръски да пръснат покоя,
небосводът да падне до глезени.

И в звукописна вълна да отплават
лятна бирария, топли съцветия,
призрачна лодка, прогнила отдавна.
И гирлянди от риба да светнат...

*MY RIVER ANTHOLOGY, RIVER IS PART OF POET'S LIFE/
антология „МОЯТА РЕКА", РЕКАТА Е ЧАСТ ОТ ЖИВОТА
НА ПОЕТА, Индия, 2022.*

A CHERISHED RIVER

Maritsa's* cherished shore is mine,
settlements over the water are mine –
there I am forever string and knight
of an incomparable crescendo.

Love knows no compromise there
and sudden bottoms overwhelm me -
huge shadows fly in the eternity
and fade into grassy timelessness.

Aquamarine gives me an unusual glow
splash and scream of jets to call me –
tinkling splashes to shatter the calm,

the firmament to fall upon the ankles.

A summer garden restaurant, warm inflorescences,
a ghostly boat, rotten long ago
to float away in an assonance wave.
And garlands of fish to light up.

*The Maritsa River flows through Plovdiv - one of the oldest
towns in the world. Bulgaria, Europe.

*MY RIVER ANTHOLOGY, RIVER IS PART OF POET'S LIFE,
India, 2022.*

. . . .

ТРЪНИ

Бели тръни
с магарешки бодли
трънен венец изплитат –
новозаветен символ
на страданието.

Пародийна корона от тръни
за изкупление на греха ни -
присмех надменен извикала
през хилядолетията.

Елипсовидни съцветия разцъфват
розови или тъмночервени –
аналог на пролятата кръв
с Божия син върху кръста
и Възнесението.

Благославяй ни,

Небесно озарение.

*ЗЛАТНО ПЕРО, Поетично обединение POEMarium, 9 000
поети от различни страни, конкурс № 106 за стихотворение
от 8 до 16 реда, тема: „ТРЪНИ".*

THORNS

White thorns
with donkey thistles
are knitting thorn wreath   -
New Testament symbol
of the suffering.

Parody crown of thorns
to atone for our sin -
has cried out a haughty sneer
over the millennia.

Ellipses shape inflorescences bloom
pink or dark red -
analog of shed blood
with the Son of God on the cross
and the Ascension.

Bless us,
Heavenly enlightenment.

*GOLD QUILL, Poemarium Poetry Association, 9 000 poets from
different countries, competition № 106 for a poem from 8 to 16
lines, theme: " THORNS".*

звездни портали светулки въплъщават порива към Бог *„Хайку фондацията", „Хайку диалог", САЩ, тема: „Привличане на противоположностите – над/ под ", 2020.*	star portals fireflies embody the urge to God *The Haiku Foundation, Haiku dialogue, USA, Opposites Attract – above/below, USA, 2020.*

небесна дъга – мостът на влюбените на хоризонта *„En un éclair" HAIKOUEST – Франкофонската хайку асоциация, 2020, тема: „хоризонт".*	a rainbow - the bridge of lovers on the horizon *"En un éclair" HAIKOUEST - of the Francophone Haiku Association, 2020, theme: "horizon".*